ISBN 9798585921490
Dépôt légal : Février 2021

Illustration de couverture : Christilla Puyjarinet
Conception de couverture : Sabrina Margani et Flore Cuny
illustrations du livre : Sabrina Margani
Relecture et révision : Laurence Ogé

© Flore Cuny 2020
Tous droits réservés dans tous pays

Flore Cuny

21 JOURS POUR CHANGER SA VIE
… avec l'EFT Positif !

50 protocoles pour révéler la meilleure version de soi :
42 défis positifs + 8 protocoles de libération émotionnelle

Edité par Vivre BIen
lieu-dit Kervaziou
29700 Pluguffan
Contact : 21jourspourchangersavie@gmail.com

à Noé,
à Patrice,

Sommaire

Préface **15**

Partie 1 : LE MANUEL DE L'EFT POSITIF **25**

Chapitre 1 : Vous avez dit « EFT » ? **27**

L'EFT, c'est quoi ? 27
La méthode EFT en pratique..30
Le mal a dit..32
Prendre soin de ses émotions 34

Chapitre 2 : L'EFT Positif **37**

C'est quoi au juste ?..37
Une méthode complète 39
Mon expérience...40

Chapitre 3 : Pourquoi l'EFT Positif ? **43**

Un outil de pensée positive 43
Se programmer au meilleur...45
Diriger son énergie en conscience 47

Chapitre 4 : La programmation mentale positive **51**

L'importance des programmations mentales.........................51
D'où vient notre programmation mentale subconsciente ? 53
Quelle programmation attire quel type d'expérience ? 55
L'énergie suit votre attention..56

Chapitre 5 : Pourquoi 21 jours ? **59**

Le mythe des 21 jours 59
66 jours pour changer une habitude ?...................................60
Vers un changement durable...62
Jouer les prolongations 64

Chapitre 6 : L'ordre de tapotement et les abréviations..........**67**

Comment agissent les tapotements ? 67
Dépasser l'égo...71

Chapitre 7 : Identifier les points principaux........................**73**

Des points magiques..73
Les correspondances émotionnelles..75

Chapitre 8 : Identifier les points de la main.........................**81**

Point karaté et inversion psychologique (IP)..................................82
Les correspondances émotionnelles..83

Chapitre 9 : Les différents types de tapotements..................**89**

Les tapotements en pratique...89

Chapitre 10 : L'effet papillon...**91**

Qu'est-ce que je vais libérer ?..91
Les « crises » de guérison..94
Les effets sur le corps mental...95
Les effets sur le corps émotionnel...95
Les effets sur le corps physique..96
Traverser la zone de turbulence...98

Chapitre 11 : Optimiser ses résultats..................................**103**

Trucs et astuces...103

Chapitre 12 : Le protocole de retour au calme...................**107**

Comment je procède ?..107
Le protocole de retour au calme..109
Les points de libération...111

Le point du bonheur 112
Le point d'urgence 113

Chapitre 13 : La feuille de route 115

Chapitre 14 : Réponses aux questions les plus fréquentes .. 121

Partie 2 : LES DÉFIS DES 21 JOURS 125

Chapitre 1 : Les défis par thème 127

Votre pouvoir créateur 128
Votre pouvoir d'intention 129
Votre parole est aussi une véritable baguette magique ! 129
Faites vibrer les mots ! 130
#01 Abondance financière illimitée 132
#02 Acceptation de soi 136
#03 Activez l'énergie de l'univers 139
#04 Décret « Je suis» 143
#05 Décret « Je peux » 147
#06 Décret « Je fais» 150
#07 Décret « Je choisis » 153
#08 Décret « J'attire » 156
#09 Décret « J'accepte » 159
#10 Décret « Je crois » 162
#11 Décret « J'autorise » 165
#12 Décret « J'obtiens » 168
#13 Décret « J'aime » 171
#14 Amour de soi 174
#15 Amour : attirer le partenaire idéal 177

#16 Argent et abondance 180
#17 Arrêter de fumer 184
#18 Bien-être général, santé et forme 188
#19 Plus de bonheur au quotidien 191
#20 Booster de confiance en soi 194
#21 Changement positif 198
#22 Confiance en soi 201
#23 Améliorer la relation de couple 205
#24 Se connecter à son 209
potentiel créatif 209
#25 Demander à l'univers 212
#26 S'éveiller à la vie 217
#27 Cultiver la gratitude 222
#28 La gratitude au quotidien 225
#29 Activer son processus naturel 229
d'auto-guérison 229
#30 Lâcher prise 232
#31 Maigrir, perdre du poids, se programmer au poids idéal 235
#32 Attirer les miracles 239
#33 Motivation 242
#35 Positive attitude 248
#36 Prospérité Divine 252
#37 Résilience : faire de ses blocages des avantages 256
#38 Réussite et succès 259
#39 Pour attirer le travail idéal 262
#40 Sortir de sa zone de confort 265

#41 La force est en vous, affirmations positives de Louise Hay...269

#42 Guérir ses blessures avec Ho'oponopono 272

Le défi des contributeurs 272

Partie 3 : ÉCRIVEZ VOTRE HISTOIRE, CRÉEZ VOS DÉFIS !..277

Chapitre 1 : Mon défi avec les affirmations tirées du livre....279

Pour plus de puissance 279

Je crée mon défi sur mesure 281

Chapitre 2 : Mon défi et mes propres affirmations positives 287

Aide à la rédaction de vos affirmations positives..........................289

Je crée mon défi sur mesure 292

Chapitre 3 : EFT & Ho'oponopono..299

Exercice...300

Partie 4 : POUR ALLER PLUS LOIN   Annexes & Exercices..303

Annexe 1 : Les chakras...305

Les 7 chakras 309

Comment prendre soin de ses chakras ?.........................317

EFT et chakras 319

Exercice...319

Annexe 2 : Points méridiens et circulation de l'énergie 321

Annexe 3 : Préparer sa séance EFT   pas à pas 325

1) Choisir le sujet à travailler 325

2) Évaluer l'intensité de votre ressenti............................326

3) Construire la phrase pour lever l'IP 327

4) Traiter et lever l'inversion psychologique 327

Annexe 4 : Le déroulement d'une séance complète 329

L'EFT en méthode de libération émotionnelle 329

1) Définir précisément votre problème 331

2) Évaluer l'intensité de votre ressenti face au problème 332

3) Traiter l'inversion psychologique en tapotant le point karaté ... 333

4) Procéder à la série de tapotements sur les autres points 334

5) Réaliser la gamme des 9 actions 336

6) Procéder à une nouvelle série de tapotements sur les autres points 337

Fin de la séance 337

Ramener son émotion à 0 339

Annexe 5 : Se libérer des charges émotionnelles 341

1) Identifier précisément votre problème 342

2) Évaluer l'intensité de votre ressenti ici et maintenant 342

3) Lever l'inversion psychologique en tapotant le point karaté 343

Annexe 6 : L'ouverture du chakra du cœur 345

Exercice 347

Annexe 7 : L'EFT et les enfants 349

Un outil pour le quotidien 349

Annexe 8 : Glossaire 355

Le mot de la fin 361

Remerciements aux contributeurs 363

Pour vous permettre de retrouver facilement les articles et les défis existants sur la chaîne des Flash Code ont été ajoutés tout au long de l'ouvrage.
Leur utilisation nécessite l'installation d'une application de lecteur de flash codes. Vous pourrez en télécharger une gratuitement sur le Play Store ou le Apple Store de votre smartphone.

En pratique : vous flashez le code avec votre lecteur et vous obtenez le lien. Vous n'avez plus qu'à cliquer dessus pour être redirigé.

Effectuez un test dès à présent :

Tout au long de l'ouvrage, des astérisques* vous renvoient au glossaire qui se trouve à l'annexe 8.

Note d'information

Les méthodes proposées dans cet ouvrage ne se substituent pas à un traitement médical. Toutefois, la pratique de l'EFT peut être un vrai complément en cas de maladie ou pour toute pathologie que ce soit.

N'arrêtez jamais un traitement médical en cours sans consulter votre médecin traitant.

Dans le cas de troubles psychologiques ou psychiatriques, je vous conseille de demander l'avis de votre médecin traitant avant de pratiquer l'EFT.

Ne buvez pas d'alcool avant de pratiquer l'EFT.

Préface

Quand j'ai entamé mon processus de changement pour vivre une vie plus positive, tous les aspects de ma vie étaient à revoir, tous les aspects de ma vie étaient à améliorer.

Mes relations amoureuses étaient le plus souvent toxiques. Professionnellement, j'étais bloquée dans une situation qui ne me convenait plus : fonctionnaire de police, en arrêt de travail et sans volonté aucune de reprendre un jour. Ma santé financière était au plus mal et j'étais endettée. J'étais physiquement affaiblie et moralement épuisée, et ce, suite à des drames familiaux et personnels. J'ai de surcroît longtemps été en conflit avec moi-même, profondément malheureuse. C'est le fait d'en avoir assez de souffrir qui m'a permis de me réveiller et de prendre ma vie en main. Si je n'avais pas traversé des moments très difficiles, cela ne serait peut-être pas arrivé. Chacune des épreuves et des difficultés sont nécessaires à notre éveil !

J'ai découvert l'existence de la loi de l'attraction au travers du film *Le secret,* il y a une dizaine d'années. J'ai cru à cette époque, comme beaucoup, que cela suffirait à transformer ma vie. Sauf que j'ignorais tout de l'importance de notre programmation mentale et de nos systèmes de croyances dans la création de notre réalité. Rares sont ceux qui nous disent que, si nous voulons changer notre vie et attirer ce que nous voulons, nous aurons aussi à nous délester du poids de nos mémoires et autres bagages émotionnels. Personnellement en voulant attirer plus d'argent et régler mes dettes, j'ai en fait continué à m'endetter !

Ce n'est que quelques années plus tard que je me suis vraiment intéressée à la loi de l'attraction pour comprendre ses fonctionnements. Le premier aspect de ma vie que j'ai souhaité améliorer a été mes relations sentimentales. J'ai travaillé en deux temps : avec Ho'oponopono* (processus de pardon et de réconciliation Hawaiien visant la paix de soi ; vous trouverez plus d'informations à ce sujet dans le glossaire en annexe) et la loi de l'attraction. Un travail nécessaire pour me permettre de me libérer de ce qui me maintenait dans des relations souffrantes et toxiques.

La pratique de Ho'oponopono m'a permis de nettoyer mes programmations et mes croyances autour de l'amour, de l'affectif et de la relation de couple. La loi de l'attraction m'a permis de me concentrer sur ce que je voulais vivre à la place, en rédigeant notamment la liste de la personne qui me paraissait idéale pour moi. Environ 3 mois après avoir fait ce travail, j'ai « attiré le partenaire idéal » pour moi, rencontré la personne qui partage toujours ma vie et avec qui j'ai eu un petit garçon merveilleux. J'ai d'ailleurs rédigé un article à ce sujet sur mon blog !

Grâce à son amour et à sa sécurité, j'ai pu m'étendre et m'envoler ! C'est cette rencontre qui a été déterminante pour moi.

Retrouvez cet article sur mon blog :

Bien sûr, pour vivre autre chose, nous aurons à cesser d'accepter le type de relation dont nous ne voulons plus. Tant que nous tolérons quelque chose qui ne nous convient pas, nous ne pouvons pas vivre autre chose. Je me souviens avoir vécu moi-même quelque chose d'étonnant autour de cela : un samedi après-midi, je disais à un ex « Des mecs comme toi, j'en veux plus ! » et le soir même, je rencontrai Patrice. C'est ce que l'on appelle dans le jargon une synchronicité* !

C'est au travers de la sécurité du couple, que je n'avais jamais connue, que mes blessures ont commencé à émerger. J'ai réalisé alors que je souffrais d'une profonde blessure d'abandon qui par exemple se rejouait si on se disputait. À plusieurs reprises, je me suis vue répéter le même schéma : je faisais ma valise, prête à tout laisser tomber, sans chercher à arranger les choses. C'est la prise de conscience de cette blessure et de ce comportement dans la vie de couple qui m'a donné le déclic pour m'engager profondément dans mon travail de développement personnel et de libération.

J'ai découvert l'EFT Positif au travers de vidéos sur YouTube. J'ai pratiqué sans relâche pendant 10 mois tous les jours. C'est vraiment ce qui m'a donné un nouvel élan et l'envie de donner plus de sens à ma vie ! J'ai commencé à rédiger mes chèques d'abondance à chaque nouvelle lune et à faire régulièrement des demandes à l'univers de toutes les façons possible !

À ce moment-là de ma vie, je n'avais que cela à faire et je ne faisais que cela : j'étudiais, je lisais, j'apprenais, mais surtout, je mettais en pratique. Petit à petit, j'ai commencé à avoir du résultat et me créer de nouvelles opportunités.

J'ai pris conscience de mon pouvoir intérieur et ma vie a commencé à se transformer. C'est ainsi que j'ai eu envie de le partager avec les autres et que sont nés ma chaîne YouTube et mon groupe Facebook *Vivre bien c'est penser bien*, dans lequel je partage toujours aujourd'hui des conseils au quotidien.

A partir du moment où j'ai compris que c'était là que se trouvait ma mission de vie (c'est-à-dire aider les autres à prendre conscience de leur pouvoir personnel, des capacités de résilience et des possibilités de transformation qui sommeillent en eux), c'est tout l'univers qui s'est aligné en ma faveur et tout est devenu plus facile : j'ai d'abord eu droit à un congé longue durée, ce qui m'a permis de continuer à développer mon groupe et de me former à différentes méthodes alternatives.

En faisant confiance à la vie, j'ai surtout trouvé le courage de démissionner de la Police nationale, en conscience. Les mois qui ont suivi, j'ai travaillé en tant que livreuse de repas et, bien que je perdais significativement en salaire, je gagnais en liberté, en osant faire des choix pour moi. Dans cette entreprise, j'ai rencontré des personnes géniales, et parmi elles, une qui m'a donné le déclic pour commencer à organiser des conférences chez moi. Puis, au travers du groupe, j'ai mis en place des ateliers pour partager autour de la spiritualité. Des membres de ma communauté Facebook ont ensuite commencé à me solliciter pour des accompagnements personnalisés.

Je me suis lancée, j'ai créé mon entreprise *Vivre Bien*. J'ai trouvé un job pour lequel je travaillais 20 minutes deux fois par jour et pour lequel j'étais rémunérée deux fois deux heures ! En parallèle, je me suis formée pendant près de 3 ans à différentes méthodes : l'EFT, les énergies universelles et le magnétisme* ; puis aux deux premiers degrés de Reiki* et à la Bioénergétique*. Chaque formation a entraîné un travail sur moi dans lequel j'ai pu me libérer de mes chaînes, guérir mes blessures, aller chercher en moi en profondeur. J'ai pu prendre conscience de mes capacités et en développer d'autres. J'ai appris à me connaître, à me voir telle que je suis et j'ai réussi à m'accepter profondément. Petit à petit, j'ai assemblé tous ces enseignements pour créer mes propres protocoles de soins énergétiques qui permettent de nous libérer de nos mémoires*.

Il y a deux ans, j'ai quitté ma terre natale de Perpignan pour m'installer en Bretagne avec mon homme pour y construire notre famille. Un nouveau départ, à la campagne, loin de l'agitation du monde extérieur. Une façon de se donner la chance de pouvoir vivre d'autres choses et évoluer dans d'autres énergies. Et l'année 2020, nous a pleinement donné raison !

Ce travail sur moi m'a offert tellement de cadeaux au fur et à mesure sur ce chemin avec le plus beau d'entre eux, celui de devenir mère en donnant la vie à mon fils Noé. Dans toutes ces années de transformation personnelle, j'ai vécu des moments difficiles, parfois très difficiles, et d'autres vraiment merveilleux.

C'est surtout ma manière de vivre les choses au quotidien qui a changé et le fait d'avoir les bons outils pour m'accompagner dans les périodes plus compliquées a été essentiel. J'ai accepté de mettre de côté tout ce que j'avais appris, tout ce que je pensais savoir et mon scepticisme de départ. J'ai accepté de faire ce qu'il fallait et pas seulement ce qui m'arrangeait. J'ai eu à faire des choix et à prendre des décisions qui étaient nécessaires pour me donner le droit à mieux. Alors, oui bien sûr, on continue de traverser les tempêtes de la vie, mais c'est toute la manière de les appréhender qui a changé. Quand on sait que tout a sa raison d'être, on voit au-delà des imperfections et on a conscience que toutes nos épreuves sont là pour nous mener à nous-même.

Comme pour moi, un travail sur vous peut changer votre vie, pour le meilleur. Je n'ai rien de plus que vous. J'ai su être curieuse et faire ma propre expérience en mettant en pratique ce que je trouvais sur mon chemin pour me donner le droit à mieux.

La raison pour laquelle je me lève chaque matin est de continuer à porter ce message d'espoir. Peu importe d'où vous venez, peu importe qui vous êtes, peu importe d'où vous partez, tout est possible si vous le décidez aujourd'hui. Tout peut changer, peu importe ce que vous vivez en ce moment, ce n'est que votre point de départ. Je persiste à dire que si cela a été possible pour moi, c'est aussi possible pour vous !

C'est la patience, la persévérance et le petit pas fait chaque jour qui vous permettront de transformer tout ce que vous vivez. Cet ouvrage est fait pour vous accompagner et ancrer en vous les plus belles idées pour un futur aux possibilités infinies.

Bien sûr, vous aurez à agir, à sortir de votre zone de confort, à prendre des risques, à oser faire de nouvelles choses, oser démissionner, quitter une relation toxique, trouver le courage de mettre un stop à tout ce que vous ne voulez plus. Comme disait Einstein, il serait fou de continuer à toujours faire la même chose et de s'attendre à un résultat différent, non ?

Je veux que vous sachiez que vous méritez mieux et plus que ce que vous avez vécu jusqu'ici. Peu importe ce que vous pensez de vous, c'est faux. Au-delà de notre égo qui croit tout savoir sur tout, non, je dois vous dire que nous ne nous connaissons pas. Nous avons tous en nous une infinité de possibilités, de ressources, de talents et d'aptitudes à révéler. Nous sommes tous capables du meilleur comme du pire et, au fond, tout est une question de programmation mentale, d'environnement et de cadre de référence.

Tout ce que vous croyez possible maintenant peut être à votre portée demain. Vous êtes votre propre limite, vous êtes le créateur de votre réalité. Il ne revient qu'à vous de décider de faire votre propre expérience, d'activer délibérément votre pouvoir intérieur pour partir à la rencontre de votre potentiel infini.

Alors, êtes-vous prêt à révéler la meilleure version de vous-même ?

Partie 1 :
LE MANUEL DE L'EFT POSITIF

Chapitre 1 :
Vous avez dit « EFT » ?

L'EFT, c'est quoi ?

EFT signifie Emotional Freedom Techniques, ou Techniques de libération émotionnelle. C'est une méthode de soin naturelle dite « psycho-énergétique » (c'est-à-dire qui agit sur les aspects psychologique et émotionnel ainsi que le système énergétique) mise au point par Gary Craig dans les années 1990 et qui prend ses racines dans la médecine traditionnelle chinoise* (MTC).

L'EFT est un outil d'auto-guérison qui permet d'apaiser et de libérer nos émotions. Il nous amène d'un état négatif ou émotionnellement tourmenté à un état plus neutre et apaisé. Dans sa pratique, il consiste à stimuler en tapotant du bout des doigts l'extrémité des points méridiens du corps dans le but de ré-harmoniser l'ensemble du système énergétique corporel. Dans la médecine chinoise, les méridiens sont des canaux situés le long du corps au travers desquels l'énergie s'écoule.

Il existe 12 principaux méridiens bilatéraux, tous associés à une grande fonction. Quand les points sont stimulés, ils relancent la circulation de l'énergie sur tout le circuit méridien concerné (le canal dans lequel l'énergie s'écoule donc) pour alimenter tous les organes et les régions du corps.

Dans l'organisme, l'énergie circule en suivant un trajet bien précis. Un blocage sur ce circuit entraine des excès en énergie dans certains endroits et des manques d'énergie dans d'autres. L'EFT nous apprend que la plupart des blocages énergétiques proviennent de chocs émotionnels non-résolus qui modifient le circuit dans le corps.

Lors d'une séance de libération émotionnelle EFT, la personne va se connecter à une situation qui la maintient dans un état émotionnel négatif et tapoter sur les différents points pour venir libérer les blocages énergétiques, émotionnels et psychologiques en lien avec la situation. L'EFT nous enseigne aussi que toute émotion négative est une perturbation du système énergétique. En rééquilibrant le système énergétique, on libère les énergies bloquées et la personne retrouve un état de mieux-être.

Une méthode aux possibilités infinies

La méthode EFT nous offre la possibilité de vivre de vraies libérations profondes de nos blessures émotionnelles, mais pas seulement, car nous pouvons aborder et traiter tout ce que nous avons accumulé dans nos vies sans jamais le résoudre.

C'est aussi une véritable pépite pour retrouver confiance en soi car nous libérons les souffrances et nous développons de nouvelles possibilités. Automatiquement, dès lors que nous ne souffrons plus, la confiance et l'estime que l'on a de soi remontent.

L'EFT est un outil d'auto-guérison, ce qui signifie que vous pouvez dès aujourd'hui l'utiliser et l'appliquer pour toutes les difficultés que vous rencontrez. Consultez les annexes mises à votre disposition à la fin du livre car elles vous permettront d'organiser votre séance.

Cette merveilleuse méthode va vous permettre d'aborder TOUT ce qui constitue un problème pour vous et vous remplit d'émotions négatives et désagréables. Bien sûr, les limites du travail d'auto-guérison sont toujours celles érigées par nos propres filtres et ce que nous sommes prêts à regarder avec honnêteté et lucidité, ou pas !

Une séance d'EFT traditionnelle, **c'est-à-dire une séance de libération émotionnelle,** va nous amener à accueillir la situation problématique, ainsi que les émotions associées, les images, les pensées et les sensations physiques. Dans le même temps, la personne va tapoter sur les différents points et s'ouvrir à nouveau à l'idée de s'aimer et de s'accepter, malgré l'existence de la situation et les conséquences qui en découlent.

C'est une méthode que l'on pourra utiliser en complément de traitements médicaux pour soulager les douleurs, pour libérer les émotions, soulager nos traumatismes de vies, apaiser nos peurs, nos angoisses. Elle apporte aussi une vraie aide pour le traitement des dépendances et des addictions.

L'EFT est une méthode qui nous guérit de nos blessures, qui nous aide à reprendre notre pouvoir intérieur, mais qui permet aussi le développement de soi pour atteindre ses buts, développer ses ressources intérieures et ses capacités de réalisation.

Un indispensable, je vous dirais... À avoir dans sa boîte à outils donc !

La méthode EFT en pratique

Tout au long de la ronde de tapotements sur les différents points, la personne est amenée à se connecter à son problème, aux émotions qu'elle ressent, aux pensées qui en découlent et à s'accepter avec tout cela.

En travaillant sur la peur de ne pas y arriver, cela pourrait donner : *« **Même si j'ai peur de ne pas y arriver, je m'aime** et je **m'accepte** »* Le fait d'entrer ici en résonance avec la peur va faire remonter toutes les autres émotions connectées à la situation ; les tapotements vont progressivement les libérer tout en rééquilibrant la circulation de l'énergie dans le corps, lui apportant une plus grande vitalité.

L'énergie qui circule de façon plus harmonieuse assure un meilleur fonctionnement de tous les systèmes du corps et des différents niveaux de notre être (mental, émotionnel, physique et énergétique). Je partage en annexe à la fin du livre, une méthodologie simple qui vous permettra d'aborder une séance de libération pas à pas (*Annexe 3 - Préparer sa séance pas à pas* et *Annexe 4 - Le déroulement d'une séance complète*).

Chaque point va travailler à dissiper une catégorie d'émotions négatives et le fait de tapoter va agir comme un reset dans le corps, relançant tout le système énergétique !

Il faut savoir qu'il suffit de ressentir une émotion négative pendant un certain temps, avec une certaine intensité, et de la refouler pour qu'elle se stocke dans le corps. C'est de cette façon que des nœuds énergétiques (ou blocages) se créent en nous. C'est ce que l'on appelle aussi une émotion cristallisée (ou mémoire). À ce moment-là, l'énergie se bloque quelque part dans le corps et sa circulation est déséquilibrée. De cette manière, des manques ou des excès apparaîtront, créant ainsi d'autres dysfonctionnements.

> **Le mental peut nous mentir mais le corps, lui, ne nous ment jamais. Quand le corps s'exprime, c'est le message ultime qui nous alerte qu'il y a quelque chose que nous n'arrivons pas à conscientiser. Le corps garde en mémoire tout ce que l'esprit a oublié.**

Si nous accumulons nos émotions, nos douleurs, nos souffrances, sans jamais les résoudre, cela va peu à peu se transformer dans le corps en petits bobos, en douleurs, puis douleurs chroniques, et pour finir la maladie (mal a dit) apparaît quand nous sommes complètement déconnectés de notre corps.

Le mal a dit

L'EFT explique que derrière tout mal physique, il y a un mal psychique avec une cause émotionnelle et psychologique plus profonde. La maladie sous toutes ses formes est un message du corps pour nous montrer ce que nous refusons de voir ou de guérir en nous mais, surtout, que nous ne nous aimons pas suffisamment.

Les rondes de tapotements vont progressivement nous reconnecter à notre corps, à notre cœur, à nos sensations, à notre physiologie, pour un retour à soi dans la douceur !

L'EFT est une méthode naturelle que l'on pourra adopter au quotidien et adapter à chaque situation émotionnellement difficile. Chaque point va aussi libérer un groupe d'émotions négatives, mais pas seulement, puisqu'il va permettre aussi de développer de nouvelles qualités, capacités et facultés. Cela va même nous aider à retrouver celles que nous perdons au gré des épreuves (spontanéité, simplicité, capacité à vivre l'instant présent, joie…)

L'EFT amène une guérison dite holistique, où tous les aspects de l'être sont pris en compte, ce qui apporte un vrai soulagement et mieux-être sur tous les plans de notre être : corps, esprit, âme. La libération émotionnelle, permet de déceler les causes de nos blocages et venir ensuite travailler à l'origine même de notre blessure. Lorsque notre énergie n'est plus dépensée à lutter, à se battre ou à tenir bon, et que nous acceptons de guérir nos blessures, il devient alors possible de cheminer vers ce qui est bon pour nous.

« Si l'on guérit l'esprit, le corps peut guérir » (Gary Craig, *Le manuel d'EFT*).

Bien que l'EFT soit un outil d'auto-guérison que l'on peut utiliser seul, l'accompagnement en séance individuelle avec un praticien formé à l'EFT vous permettra toujours d'aller plus loin que ce que vous êtes prêt à voir. Il sera d'une aide non-négligeable pour mieux comprendre ce que vous vivez, vous aider à voir au-delà de vos limitations, tout en vous apportant des solutions innovantes.

Pour les plus grands traumatismes de la vie et les syndromes de stress post-traumatique, l'EFT peut véritablement vous libérer. Je vous conseillerais toujours de vous faire accompagner par un(e) thérapeute qualifié(e) qui vous offrira un espace de sécurité et qui sera un précieux guide. Il est important de préserver son équilibre dans le travail sur soi.

Une émotion, une problématique en cache souvent d'autres. En EFT, on dit « Lorsque l'on abat un arbre, la forêt apparaît ! » On ne sait jamais à l'avance ce que l'on va réactiver et, dans mon expérience, l'EFT a fait remonter beaucoup de souvenirs occultés. Alors je sais à quel point cela peut-être déstabilisant, même si je suis convaincue que l'univers nous envoie ce pour quoi nous sommes prêts !

Prendre soin de ses émotions

Il est important de prendre soin de ses émotions au quotidien et c'est un cadeau vers la liberté que de guérir ses blessures émotionnelles. Vous ne laisseriez jamais une plaie ouverte sur votre bras sans soin ? Une blessure émotionnelle, c'est la même chose. Beaucoup diront qu'il faut du temps mais, moi, je vous dis que le temps va l'enfouir un peu plus profondément et que la douleur va continuer de se diffuser et continuera tant que la blessure ne sera pas soignée. Nous serons ainsi forcés à attirer le même type de personnes qui révèleront en nous le même type de blessure, avec les mêmes souffrances.

À chaque fois qu'une expérience se répète, c'est que nous sommes passés à côté d'un enseignement. À chaque répétition, l'intensité émotionnelle est encore plus forte, de manière à créer une réaction, un déclic, une prise de conscience nécessaire à tout changement. Vous continuerez à avoir les mêmes réactions émotionnelles disproportionnées à chaque fois que vous ferez face à un événement similaire à ce que vous avez vécu dans le passé.

Un choc émotionnel non résolu crée un nœud énergétique, ce que l'on appelle aussi une mémoire*. Et ce blocage reste en nous jusqu'à ce que nous prenions soin de le libérer.

Si je peux vous donner un conseil, c'est de prendre votre souffrance par la main une dernière fois et de la remercier, d'embrasser votre passé et de lui dire adieu : soyez prêts à aller de l'avant.

Vous avez la force et le courage de vous libérer de vos chaînes. Vous pouvez choisir de guérir et de traiter tout ce qui vous fait encore souffrir aujourd'hui et qui vous empêche de vous sentir bien. Sinon, jamais vous ne vous autoriserez à être pleinement heureux !

Chapitre 2 :
L'EFT Positif

C'est quoi au juste ?

L'EFT Positif est un outil merveilleux de reprogrammation mentale facile, ludique et à la portée de tous. Il peut vraiment vous aider à transformer n'importe quel aspect de votre vie, à atteindre vos objectifs et à vous développer pour devenir la meilleure version de vous-même ! C'est un combo énergétique puissant entre l'EFT, méthode de libération hyper-efficace, et le pouvoir incontesté des affirmations positives !

L'EFT Positif, c'est tout simplement les tapotements de l'EFT associés au pouvoir des affirmations positives : en pratique, pour chaque affirmation positive prononcée, un point est stimulé !

C'est un outil de **programmation mentale positive consciente, mais qui va pouvoir déjouer les blocages inconscients** qui peuvent exister en nous et neutraliser les pensées parasites.

Il va de plus travailler simultanément sur plusieurs plans :

- **La méthode EFT travaille à la libération des blocages et des nœuds énergétiques.** Les tapotements vont lever les blocages, équilibrer et répartir équitablement la circulation de l'énergie dans le corps, optimisant son fonctionnement général.

- **L'EFT dissipe les émotions négatives tout en développant de nouvelles qualités plus positives :** chaque point agit comme un reset sur un groupe d'émotions négatives et travaille à développer de nouvelles capacités.

- **La combinaison « EFT + affirmations » nous permet d'intégrer de nouvelles idées durablement et plus facilement** que dans la répétition seule d'affirmations positives. Les pensées parasites et les émotions associées sont neutralisées. En plus, l'exercice nous permet d'être plus centré et concentré, donc de donner toute notre attention à ce que nous affirmons.

- **Le travail sur le point de l'inversion psychologique nous permet de libérer les blocages inconscients** d'auto-sabotage qui pourraient entraver la programmation mentale consciente, de dissiper les pensées négatives et de remettre en marche notre système énergétique.

En matière de développement personnel, les résultats dépendent surtout de notre régularité et l'EFT Positif nous l'offre car l'exercice va être effectué une fois par jour sur une durée de 21 jours minimum.

Ce qu'ils en disent : « *Merci pour tout, je suis praticienne EFT et grâce à tes programmes, j'ai à présent vraiment une autre vue de la méthode en elle-même. Y ajouter les affirmations positives pour une vie en miracles, c'est juste magnifique.* »
Nicole, abonnée Youtube

L'EFT est une technique de libération émotionnelle dans laquelle on va traiter nos états négatifs pour aller vers un état plus calme.

L'EFT positif est un outil de programmation mentale qui nous permet de travailler sur notre état d'esprit pour être plus positif ou atteindre un objectif !

Une méthode complète

C'est une méthode complète qui agit profondément sur tous les aspects de notre être : elle apaise l'émotionnel tout en développant une psychologie de vie plus positive ; elle équilibre et harmonise l'ensemble de notre système énergétique ; elle débloque les nœuds et les blocages énergétiques sur les circuits méridiens ; elle apporte enfin un mieux-être et transforme notre mindset (notre état d'esprit).

Nous avons vu plus tôt que l'EFT de libération émotionnelle part du principe que toute émotion négative non résolue se transforme ensuite dans le corps en nœud énergétique, créant au fil du temps des douleurs (et puis plus tard des affections et des maladies).

Les rondes de tapotements vont venir optimiser le fonctionnement général du corps, du système endocrinien et des organes pour une meilleure forme physique et une meilleure santé.

Avec l'EFT Positif, TOUT devient possible et plutôt que de lutter contre quelque chose, nous déplaçons notre attention sur la solution en travaillant directement avec l'antidote. Ainsi, nous récupérons toute notre énergie pour la diriger vers ce que nous voulons créer.

Puisque l'énergie suit notre attention, l'EFT Positif nous offre un moyen pour diriger et canaliser notre énergie, en conscience, au quotidien. Vous verrez que les possibilités sont infinies : vous pourrez travailler à modifier votre caractère, à développer de nouvelles qualités, à adopter de nouvelles attitudes et de nouveaux comportements ou encore à vous programmer en vue d'atteindre un objectif !

Mon expérience

Dans ma démarche de changement en 2015, je l'ai pratiqué pendant 10 mois, tous les jours, et ce sont tous les aspects de ma vie qui se sont considérablement améliorés.

C'est à partir de là qu'énormément de choses ont changé pour moi au fur et à mesure : démission de la police nationale, formations aux thérapies énergétiques et alternatives, création d'entreprise, de site internet professionnel, animation de stages, de conférences, de stages et d'ateliers, etc. Et surtout j'ai développé mon activité au travers des réseaux sociaux en créant une communauté qui regroupe aujourd'hui, près de 30 000 personnes tous réseaux confondus !

Puis ma vie entière a littéralement pris une toute autre direction : j'ai quitté ma terre natale pour la Bretagne et j'y ai construit ma famille, avec la naissance de mon fils Noé. Je continue à pratiquer l'EFT Positif au quotidien avec notamment les protocoles que je mets en ligne sur ma chaîne YouTube et les défis collectifs que je propose sur les réseaux sociaux. J'adore, cela me donne de l'énergie au quotidien pour avancer vers mes buts !

L'EFT Positif vous garantit un mieux-être au bout de quelques jours et des résultats en moins d'une dizaine de minutes par jour !

Ce qu'ils en disent : « *Je souhaite te remercier du fond de mon cœur. Grâce à toi, je fais le défi des 21 jours sur l'abondance et je n'en reviens pas de m'y être tenue. Mais aussi de l'ouverture que cela m'a permise dans tant de domaines. Tout cela c'est grâce à toi que j'ai pu le voir et le vivre en conscience.* »
Catherine, abonnée YouTube

Chapitre 3 :
Pourquoi l'EFT Positif ?

Un outil de pensée positive

L'EFT Positif est un nouvel outil de reprogrammation du subconscient. Ludique, facile et efficace, il permet d'insuffler de nouveaux modes de pensées pour développer ses qualités et ses talents, révéler ses capacités et transformer sa vie en positif. C'est une méthode puissante qui permet de travailler sa pensée positive, son état d'esprit et qui apporte du résultat en quelques jours, avec seulement quelques minutes de pratique !

Une personne qui ne médite pas, ne se relaxe pas, ne pratique aucune forme de détente émet une moyenne de 60 000 pensées par jour. C'est fou, non ?

Nos pensées proviennent des jours précédents et une partie sont les mêmes que la veille, mais, le plus troublant, c'est que 80% d'entre elles seraient négatives ! Pourtant, penser positif est la première étape pour réaliser ses rêves. Mais nous serons d'accord sur un point : penser positif n'est pas naturel pour tous ! La pensée positive n'est pas non plus un logiciel qui s'installe tout seul, (pourtant ce serait chouette !).

Soyons réalistes, quitter ses conditionnements et ses manières de fonctionner prend du temps. Si vous avez entrepris la lecture de cet ouvrage, c'est que vous avez certainement déjà essayé des tas d'outils pour vous programmer au meilleur, non ?

D'ailleurs, il en existe beaucoup (hypnose, auto-hypnose, podcast, affirmations positives, visualisation, EMDR*, méditation, etc.) et je pense que parmi tout cela, il faut surtout trouver ce qui nous va bien !

L'EFT Positif, c'est mon outil, LE truc qui m'a aidé à changer ma vie, c'est dans cette méthode que j'ai développé la force pour prendre ma vie en main, pour la transformer, la façonner. Une méthode qui a depuis changé la vie de milliers de personnes ! Une chaîne YouTube (Flore Power) et plus d'une cinquantaine de vidéos plus tard, ce sont plus de 10 000 abonnés qui utilisent mes « défis des 21 jours » au quotidien !

Des centaines d'autres ont déjà participé aux défis collectifs que je propose à ma communauté Facebook *Vivre bien c'est Penser Bien* et j'ai déjà reçu de très nombreux témoignages de personnes ayant obtenu des résultats significatifs dans leur vie ! D'ailleurs, je partage avec vous tout au long de ce livre les commentaires laissés par mes abonnés.

Depuis 5 ans, il m'est toujours difficile de mettre tout le monde d'accord avec les vidéos : pour certains, c'est la musique qui ne convient pas ; pour d'autres, cela va trop vite ; quand ce n'est pas les images de fond qui gênent la lecture…

Alors, un grand merci à chacun d'entre vous pour les critiques constructives que vous m'avez adressées.

Car c'est grâce à vous tous que j'ai eu l'idée de cet ouvrage qui permettra donc à chacun de consommer les défis à sa manière et de les faire voyager en les emportant partout !

Ce qu'ils en disent : « *Un grand merci pour vos vidéos et vos programmes. Je m'en sers depuis plus d'un an et c'est génial de facilité et de bien-être sur des temps courts. Thérapeute, je le recommande à mes patients et mes proches.* »
Berteline, praticienne EFT et abonnée Youtube,

La grande différence entre les vidéos et cet ouvrage réside dans le fait que vous allez pouvoir travailler à votre rythme, prendre le temps pour lire les affirmations, pouvoir les répéter dans la conscience de chaque mot. Vous pourrez prendre le temps de passer plusieurs fois sur celles que vous n'arriverez pas à prononcer du premier coup, ou encore renforcer celles qui résonneront le plus en vous !

Se programmer au meilleur

L'EFT Positif, vous l'avez compris, permet donc de se programmer au meilleur. Les plus grands noms du succès vous le diront, la programmation mentale positive est une des clés qui mène au succès : quoi que vous vouliez vivre, attirer, créer dans votre vie, il est nécessaire de vous programmer pour réussir.
Surtout si comme moi, vous partez de loin. Vous devriez être rassuré, je suis une preuve que l'on peut y arriver !

Le travail avec les affirmations positives est certainement jusqu'ici l'outil le plus connu et le plus répandu pour reprogrammer son subconscient. Utilisées au quotidien, elles apportent des bienfaits incontestables. Elles suivent le principe de la loi d'attraction : « si j'entretiens des pensées positives au quotidien, alors j'attire le positif dans ma vie. » Pour l'avoir expérimenté, c'est bien réel et c'est ici que réside toute la puissance de notre pouvoir personnel ! Voilà des décennies qu'elles sont utilisées en développement personnel pour améliorer le quotidien, atteindre des objectifs, changer un comportement et développer de nouvelles capacités.

Une affirmation positive est une phrase courte, qui sera rédigée au présent de l'indicatif, sans forme de négation. Dans la mesure du possible elle comporte le « JE » suivie d'un verbe d'action (être, choisir, faire, créer, attirer, etc.). Elle sera bien entendu formulée le plus positivement possible, dans la conscience que chaque mot a un pouvoir créateur et qu'il possède sa propre vibration.

Diriger son énergie en conscience

Celui qui veut changer sa vie doit avoir conscience que le travail sur la programmation mentale (sur son état d'esprit et sur ses croyances) est un travail de fond et qu'il nous faut souvent être patients et persévérants. C'est à force de répétition que les affirmations positives se transposent dans notre réalité. Si toutefois, la petite voix en nous est d'accord avec ce que nous affirmons. Sinon, vos pensées négatives se renforceront et cela minimisera les résultats que vous visiez.

Là est en effet le bémol aux affirmations positives, car les pensées parasites qui surviennent inévitablement (l'esprit conscient qui commente, qui s'oppose, le mental qui tergiverse) ne sont pas neutralisées. Mais rassurez-vous, une pensée négative est beaucoup moins puissante qu'une pensée positive. Oui, c'est vraiment une bonne nouvelle !

C'est la même chose avec la loi de l'attraction positive. Quel que soit le but que vous vous fixez, cela doit vous paraître réalisable, selon vos propres convictions et selon votre expérience avec la vie. Sinon vous risquez d'aller dans la direction opposée de ce que vous souhaitez et parfois de manger quelques murs !

J'ai expérimenté les vents contraires au début de mon éveil, il y a quelques années. J'avais démarré le travail sur moi avec des affirmations positives.

10 affirmations scrupuleusement sélectionnées dans le livre de Louise Hay *Transformez votre vie*.

J'affirmais *« de jour comme de nuit tous mes intérêts prospèrent »* et la réponse immédiate en moi était « Non, non, ce n'est pas vrai, tu n'as pas un rond » ou encore « Je ne vois pas comment mes intérêts vont prospérer ». C'était vraiment très frustrant !

Cela montrait bien que je n'y croyais pas et qu'à cet instant là, ce n'était pas encore possible pour moi ! Je vibrais d'une croyance limitante de manque d'argent parce que c'était l'expérience que j'en avais fait jusque-là. Forcément, une partie de moi bloquait toute possibilité de réussite. Il y avait un système de croyances erronées autour de la non-abondance qui était enregistré à la base de ma programmation mentale subconsciente.

Mon travail était ainsi à chaque fois minimisé puisque je ne croyais pas que c'était possible. Mon esprit inconscient annulait directement ce que j'affirmais, tout simplement parce que c'était contraire à ses réglages. Agissant comme un filtre, il m'imposait ses propres limites, malgré ma volonté d'aller de l'avant.

> **Pour fonctionner et vous apporter du résultat, une affirmation positive doit vous paraître vraie. Elle doit sonner juste en vous et ne pas créer d'opposition dans votre mental.**

Il peut être parfois difficile de travailler sur son mindset (état d'esprit) et d'obtenir des résultats probants, notamment, si nous ne croyons pas à 100% à ce que nous affirmons et ce que nous nous entêtons à répéter. Ou alors, si nous avons du mal à ressentir des émotions positives, car on sait qu'en matière de loi de l'attraction, c'est toujours l'émotion qui l'emporte sur la pensée dans le processus de création de la réalité. L'EFT Positif vient à notre secours pour éliminer toutes les pensées et émotions parasites qui se manifestent pendant le travail avec les affirmations positives. C'est là que se trouve une partie de de sa puissance !

L'EFT Positif est un outil ultra complet qui permet de :

- Se reprogrammer à des idées nouvelles,

- Créer de nouveaux schémas de pensées, de nouvelles habitudes,

- Transformer ses croyances limitantes,

- Se libérer des pensées parasites et des émotions qui font surface sur l'instant

- Intégrer la rigueur et la régularité du travail sur soi au quotidien ;

- Augmenter les sensations de bien-être.

Tout cela en seulement quelques minutes par jour !

L'EFT Positif est une méthode unique de pensée positive qui vient faire sauter les limites des affirmations positives, en neutralisant les pensées parasites et en libérant en même temps les émotions associées qui pourraient se manifester !

Gardez à l'esprit que seul le positif peut nettoyer le négatif. Pour vous reprogrammer, il est nécessaire d'activer la ressource opposée, en dirigeant votre énergie et votre attention vers ce que vous voulez créer, plutôt que de vous épuiser à lutter contre vos propres difficultés. Exemple : travailler pour développer plus d'abondance plutôt que de rester bloqué sur le manque ou les factures.

Chapitre 4 :
La programmation mentale positive

L'importance des programmations mentales

Notre programmation mentale, c'est l'ensemble des croyances sur lesquelles nous acceptons d'établir notre vie. Nous l'avons vu plus tôt, se programmer c'est se placer sur la fréquence de ce que nous voulons créer. C'est graver en nous la croyance que c'est possible.

C'est travailler sur son état d'esprit : en mettant à germer de nouvelles idées dans notre subconscient pour que toute notre énergie se mette à travailler dans cette même direction. Souvenez-vous de cela : si vous pouvez le créer dans votre esprit, alors vous pourrez le concrétiser dans la matière.

Le fait de nous programmer positivement et mentalement va nous offrir la possibilité de nous défaire de nos anciens conditionnements erronés et limitants pour les remplacer par de nouveaux, plus positifs, axés sur l'élévation, l'expansion, le progrès et l'idée de la réussite.

La programmation mentale positive, c'est *programmer son cerveau pour lui apprendre à se concentrer sur le meilleur de la vie et sur la recherche de solutions*. Elle va vous permettre de modifier positivement votre caractère, de développer de nouvelles qualités, d'atteindre un objectif ou encore de vous débarrasser de vos mauvaises habitudes. Les possibilités sont infinies et vous êtes votre propre limite ! Avec une programmation mentale positive, il sera plus facile pour vous au quotidien d'entretenir des pensées positives de manière plus automatique.

En 2015, pendant mon premier travail de reprogrammation mentale, je me souviens m'être réveillée un matin avec cette pensée : « Je suis calme et détendue » suivie d'un sursaut ! Car oui, je dois dire que j'étais moi-même vraiment surprise : ma première pensée du matin n'était plus « Je n'ai pas envie » mais bel et bien une pensée positive ! J'étais vraiment bluffée et je touchais du doigt les premiers résultats de ce travail sur moi. Cette phrase n'était autre que la première affirmation de ma série d'EFT Positif. Ce matin-là, j'ai pris conscience du travail accompli et du changement qui s'amorçait. Cela m'a motivé et donné l'énergie pour continuer sur cette voie.

J'ai depuis réalisé de nombreuses autres programmations et je vois le résultat au quotidien. Maintenant, il suffit que j'entende ou que je lise une affirmation positive pour qu'en réponse me vienne en pensée toute une série d'affirmations. **C'est ce que l'on appelle la pensée positive automatique et c'est tout l'enjeu de la programmation mentale !**

Oui, dans la vie, tout est une question de programmation.

Nous sommes tous capables du meilleur comme du pire, tout dépend de nos modèles, de nos sources d'inspiration, des cadres de référence et de l'environnement dans lequel nous évoluons.

D'où vient notre programmation mentale subconsciente ?

Notre programmation mentale subconsciente est la somme des croyances, des conditionnements et des habitudes ancrés en nous. Ce sont les mécanismes mentaux qui nous ont façonnés et qui façonnent toute notre existence. Cette programmation est déterminée par plusieurs facteurs : elle vient en partie de notre code génétique et des croyances héritées de nos ancêtres, ce qui constitue nos racines, le socle sur lequel on se construit ; ensuite de l'environnement familial, éducatif, culturel et social dans lequel nous avons grandi. Pour ceux qui comme moi y croient profondément, nous portons aussi les mémoires* issues de nos vies antérieures. C'est aussi de cette façon que nous portons les croyances transmises par nos parents et, bien souvent, pour évoluer, il nous faudra nous en libérer.

Pour finir, comptent aussi tous les événements et les expériences qui nous ont marqués, nos blessures d'enfance, nos traumatismes, nos habitudes de vie et la qualité de nos relations avec les autres. Mais aussi, toutes les pensées, les actions, les gestes que nous aurons répétés suffisamment longtemps !

Ce sont toutes ces données qui constituent le programme de base qui est en vous, votre disque dur en quelque sorte. C'est à partir de ces données que vous créez votre réalité au quotidien.

Sans une nouvelle programmation mentale, vous continuerez au quotidien à agir de la même manière, avec vos réglages d'origine dans les limites de vos croyances et de ce qui est possible pour vous. Sans une bonne actualisation de vos données, sans une programmation mentale positive, votre subconscient continuera à guider toute votre énergie dans cette même direction, attirant à vous les mêmes expériences, les mêmes personnes, les mêmes situations, et ce, tant que vous rejouerez les mêmes pensées automatiques !

Notre esprit subconscient est la partie immergée de notre être. Il travaille sans cesse, sans que nous nous en apercevions. Il assure nos fonctions vitales et régule tous les systèmes du corps, sans que nous ayons besoin d'y penser, comme pour la guérison d'une plaie par exemple. Il œuvre pour notre survie, notre sécurité et pour notre protection. C'est en lui que sont ancrés nos conditionnements limitants mais aussi toutes nos ressources en sommeil.

Le subconscient gère toutes les actions qui sont pour nous habituelles et automatiques, et donc nos pensées automatiques. C'est ce qu'il se passe quand on conduit sur un trajet bien connu : notre subconscient prend le relai par habitude, il rejoue les mêmes gestes, sans que nous soyons pleinement présent, parfois nous ne nous souvenons même pas avoir fait le trajet. Dans ces moments, il rejoue aussi les pensées provenant de sa programmation.

Si le subconscient est réglé négativement, nos pensées automatiques et donc inconscientes le seront forcément. Avec un réglage de base « négatif, pessimiste, limitant », il peut être compliqué de penser plus positif et d'obtenir des résultats satisfaisants.

Notre succès dépend de notre programmation mentale subconsciente et, ce qui est génial, c'est que l'on peut se programmer pour tout ce que l'on croit possible ! L'EFT Positif va vous aider progressivement à libérer et à entretenir des pensées automatiques plus positives !

Quelle programmation attire quel type d'expérience ?

Une programmation de pauvreté (pénurie, manque matériel ou financier, manque d'amour...) va tout simplement attirer « la loose », avec son lot de difficultés financières, d'expériences de limitations et de restrictions. À l'inverse, une programmation de prospérité va attirer la bonne fortune, la richesse et l'abondance. La programmation d'une alimentation malsaine entraînera parfois un surpoids et une mauvaise image de soi, alors qu'une programmation d'alimentation saine et de bonne hygiène de vie entraînera une meilleure forme et une plus grande santé. La timidité va attirer solitude, tristesse et déception alors qu'une programmation de confiance va attirer « la win » : la chance, le succès, la réussite, et des relations de qualité avec les autres... Parce que oui, encore une bonne nouvelle, on peut aussi se programmer pour la chance !

Il est évident que, si toute notre enfance, nous avons entendu que nous ne sommes bon à rien, que nous sommes sans intérêt, ou que nous ne valons pas grand-chose, alors notre subconscient se programmera selon ces idées.

Il dirigera nos pensées, nos actions, et toute notre énergie en ce sens, en nous menant dans des situations et des expériences qui ne feront que renforcer ce programme de base.

> **Alors programmez-vous pour le contraire positif de ce que vous vivez Et activez l'antidote !**

L'énergie suit votre attention

Toujours sur le principe de la loi de l'attraction, l'énergie fait grandir ce sur quoi vous portez votre attention le plus souvent. **La clé est alors de vous concentrer sur ce que vous voulez et qui vous paraît possible à cet instant.**

C'est ici qu'il devient intéressant de travailler avec les idées contraires, plutôt que de lutter contre vos propres limitations. Je le répète mais, en luttant contre quelque chose, vous dépensez votre énergie, vous lui donnez votre attention et vous vous épuisez. Cela revient à nager à contre-courant. Mère Teresa disait : « Ne m'invitez pas à une manifestation contre la guerre, invitez-moi à une manifestation pour la paix ».

J'aime cet exemple surtout parce qu'il montre une subtilité importante : on peut toujours choisir la direction dans laquelle diriger notre énergie et ce que l'on va nourrir en nous.

Nous créons notre réalité, en partie par l'attention que nous donnons aux choses au quotidien. Choisissons de porter notre regard sur ce qui nous fait du bien !

Ce qu'ils en disent : « *J'ai entamé un travail avec les vidéos d'EFT Positif de Flore et j'ai vécu plusieurs libérations profondes. Rapidement de petites choses ont commencé à se manifester dans ma vie. Et puis j'ai commencé à regarder la vie différemment, je la voyais différemment et elle devenait positive. J'ai eu le courage de mettre en place des changements et j'ai perdu 40 kg.* »

Babeth, membre du groupe Facebook *Vivre bien*
Extrait de son témoignage publié sur mon site en novembre 2019.

Retrouvez cet article sur mon blog :

Alors aujourd'hui, acceptez les choses comme elles sont, remerciez pour tout ce qui vous est arrivé, car sinon, vous ne seriez pas là, à tenir ce merveilleux ouvrage entre les mains, prêt à amorcer des changements significatifs dans votre vie. Non seulement parce que vous l'avez décidé mais aussi parce que vous le méritez amplement !

La programmation mentale positive et subconsciente est un outil incontournable qui vous aidera à atteindre vos objectifs et à concrétiser tout ce que vous souhaitez accomplir. C'est la promesse d'une base solide pour s'ériger, se construire durablement et se développer dans tous les domaines de sa vie !

Chapitre 5 :
Pourquoi 21 jours ?

Le mythe des 21 jours

La première chose que je me dois de faire, c'est de casser le mythe qui existe autour des 21 jours ! Voilà des décennies que ce principe influence les plus grands noms du développement personnel. Moi-même, j'y ai longtemps cru, jusqu'au moment de faire ces recherches ! Vous avez déjà certainement entendu ou lu que nous avions besoin de 21 jours pour intégrer une nouvelle habitude ?

Peut-être même que c'est de moi que vous l'avez appris ? Mais, aujourd'hui, puisque je le sais désormais, je me dois vous dire que tout ceci n'est pas tout à fait juste.

Certaines études en psychologie ont avancé que le cerveau a besoin de 21 jours (soit 3 semaines d'application quotidienne) pour qu'une habitude devienne un automatisme. Une fois ces 3 semaines complétées, il y a plus de chances que cette habitude reste et soit intégrée dans le quotidien de la personne.

La vérité, c'est qu'il n'y a en fait aucune étude scientifique qui vient le prouver !

Mais alors d'où vient cette théorie des 21 jours ?
… **Des observations d'un chirurgien plastique !**

Le Docteur Maltz, un chirurgien plastique ayant exercé dans les années 50, est le premier à avoir publié sur le sujet des habitudes. Dans le cadre de sa profession, il a constaté et écrit que ses patients mettaient un minimum de 21 jours pour s'habituer à leur nouveau corps ou nouveau visage. Suite à cette découverte, il a lui-même fait l'expérience que ce délai était nécessaire pour changer ses propres habitudes. Dans son livre *Psycho-Cybernetics,* il écrit : « Tous ces phénomènes observés chez la plupart des gens semblent indiquer que l'on a besoin d'au **minimum** 21 jours pour faire disparaître une vieille image mentale et en créer une nouvelle ». C'est un livre sans valeur scientifique mais qui a remporté un succès planétaire en se vendant à plusieurs dizaines de millions d'exemplaires. À mesure que cette information s'est intégrée dans l'esprit du plus grand nombre, tout le monde a oublié que Maltz avait parlé « d'un **minimum** de 21 jours ».

66 jours pour changer une habitude ?

En 2009, Philippa Lally et son équipe de chercheurs en psychologie au University College de Londres ont publié une étude sur les habitudes.

Les chercheurs ont demandé à 96 personnes d'acquérir une nouvelle habitude comme boire de l'eau à table, changer de trajet, courir 15 minutes à horaire régulier, manger un fruit après chaque repas, etc.

En moyenne, il a fallu 66 jours aux participants pour acquérir un nouvel automatisme : soit 18 jours pour le plus rapide et 254 pour le plus long ! Nous ne sommes donc pas tous égaux pour intégrer le changement !

Personnellement, mon expérience avec l'EFT m'a permis de comprendre l'importance de la répétition sur un temps suffisamment long pour espérer avoir du résultat. Dans le développement personnel, beaucoup de personnes se découragent car elles n'obtiennent pas les résultats escomptés. Peut-être même, que vous êtes dans ce cas et j'aimerais que vous répondiez à cette question avec honnêteté : avez-vous maintenu vos actions suffisamment longtemps ?

Les défis des 21 jours, c'est donc l'idée de mettre en place des habitudes qui sont intéressantes pour notre développement personnel, qui vont favoriser une nouvelle façon de fonctionner et donc de nouvelles possibilités. Ces périodes de « défis » sont de véritables challenges personnels, qui vont donner une impulsion positive, vous aider à gagner en confiance en vous et à vous découvrir capable de plus que ce que vous n'auriez pensé !

Les protocoles proposés dans ce livre sont faits pour vous permettre de retrouver votre pouvoir personnel, c'est-à-dire la capacité à faire des choix pour soi et pour son propre épanouissement.

C'est aussi l'opportunité de s'offrir une routine quotidienne qui fait du bien !

A l'image du champion qui va s'entraîner tous les jours pour révéler le meilleur de lui-même pour la compétition, la personne qui souhaite changer sa vie durablement et de manière significative doit comprendre la nécessité de s'engager avec elle-même dans une pratique régulière.

Vers un changement durable

J'ai constaté au cours de mes années de pratique que pour ancrer de nouveaux comportements et de nouveaux automatismes de pensée, nous avons besoin de répéter une action suffisamment de fois si nous voulons voir du résultat. Tout ce que nous répéterons avec insistance deviendra une habitude. Nous avons besoin d'être persévérant pour intégrer de nouvelles habitudes. Nos habitudes maintenues créent un caractère.

Tous les coachs vous le diront : la réussite se crée, se façonne et se travaille au quotidien. Programmer son cerveau à l'idée de la réussite (ou à toute autre idée que vous aurez choisie d'ailleurs) nécessite aussi un entrainement quotidien.

Pour que la pensée positive devienne plus automatique, nous avons besoin de répéter encore et encore. Après avoir entamé mon premier défi de 21 jours, j'avais été très surprise un matin (avant la fin des 21 jours) au réveil de réaliser que ma première pensée du matin était devenue positive !

Il était certain que je récoltais les fruits de ce travail de répétition qui allait me permettre petit à petit de me programmer pour le meilleur !

C'est la répétition d'une action sur cette durée minimum qui permet d'ancrer un comportement, une nouvelle habitude, un nouveau mode de pensée au niveau de notre subconscient, avec donc plus de chance de l'intégrer durablement. Pour que le nouveau point d'ancrage s'intègre en nous au niveau cellulaire, c'est à dire que l'information soit transmise à nos cellules.

Je vous propose une série de « défis des 21 jours » car c'est un moyen pour mettre toutes les chances de son côté. Pour favoriser un changement durable, chaque exercice pourra être aussi effectué ponctuellement, en fonction des besoins du moment.

Ce qu'ils en disent : « *Au 21ème jour, fin du défi, c'est simple, je n'ai pas pu m'arrêter. J'étais embarquée dans un engrenage où cette routine quotidienne me faisait un bien fou ! Et j'ai continué ce défi que j'ai associé à d'autres. C'était devenu ma drogue quotidienne, mon soutien psychologique.* »
Christine, membre du groupe Facebook Vivre Bien
Extrait de son témoignage publié sur mon site en décembre 2019.

Retrouvez cet article sur mon blog :

Le travail sur 21 jours va vous permettre d'intégrer la régularité nécessaire pour vous développer. Prendre soin de soi, c'est se donner du temps et je sais que sans un cadre concret, il est pour beaucoup difficile d'être régulier. Pourtant, s'offrir ce temps chaque jour, c'est ce qui fait la différence. C'est aussi par de petits gestes comme ceux-là que commence l'amour de soi ! Au-delà des grandes actions, ce sont surtout tous les petits pas effectués au quotidien qui nous mènent à la réalisation de nos buts. Les défis vont vous aider car, sans vous en rendre compte, vous allez créer le besoin de ce rendez- vous quotidien avec vous-même !

Jouer les prolongations

Je conseille de prolonger le défi quelques jours supplémentaires, au-delà des 21 jours, pour renforcer le processus. Dans les défis collectifs, je rajoute toujours une semaine de prolongation, ce qui ramène à 28 jours et permet de verrouiller la programmation. À vous de tester et d'écouter vos ressentis pour savoir ce qui est le plus juste pour vous. Vous verrez que, jour après jour, les nouveaux schémas de pensées s'intègreront et qu'il vous sera plus simple d'entretenir des pensées positives au quotidien consciemment et inconsciemment.

Je vous souhaite de trouver la force de vous prendre en main et d'entreprendre les changements nécessaires à votre épanouissement. Vous êtes la personne qui peut vraiment vous aider !

Je sais qu'au départ, on peut être découragé à l'idée de devoir réaliser les 21 jours consécutifs : c'est pourquoi j'ai créé les défis collectifs qui ont pour but de motiver chacun à aller au bout des choses, grâce à l'énergie du groupe !

Oui, une fois que l'on est décidé à changer, on aimerait que tout change en un claquement de doigt, je le sais, j'ai connu cela. Mais soyons réalistes et honnêtes envers nous-même, ainsi que dans la conscience que tout prend un peu de temps pour prendre forme dans la matière.

Engagez-vous aujourd'hui pour vous-même et faites le choix de faire un petit pas chaque jour dans la direction souhaitée. Une fois au bout, vous serez tellement fier de l'avoir fait, que cela vous donnera une énergie positive supplémentaire (et je sais de quoi je parle !). La force est en chacun de nous et l'EFT Positif nous permet de la raviver !

Chapitre 6 :
L'ordre de tapotement et les abréviations

Comment agissent les tapotements ?

Chaque point va travailler à dissiper un groupe d'émotions négatives et, dans le même temps, nous permettre de développer des ressources intérieures et des qualités positives.

La stimulation des points par les tapotements va relancer la circulation des énergies et leur équilibre dans le système énergétique corporel. Chacun des points est situé à l'entrée ou à la sortie des méridiens qui sont, pour rappel, des canaux au travers desquels l'énergie circule dans le corps.

Chaque méridien est en résonance avec un organe (ou une partie du corps). Le simple fait de tapoter ces zones, va les alimenter en énergie vitale et donc en quantité suffisante pour fonctionner. C'est ainsi que les rondes de tapotements (ou tapping) vont agir sur différents aspects de notre être.

En cas de pathologie, maladie ou douleur sur un organe, vous pourrez donc identifier le point correspondant et tapoter plusieurs fois par jour en respirant profondément pour oxygéner vos systèmes. Réalisez 3 cycles de tapotements sur le même point de 3 minutes, 3 fois par jour.

Majoritairement, les points sont bilatéraux, ce qui veut dire que nous les retrouverons des deux côtés du corps. Chacun choisira de tapoter d'un côté ou bien des deux. À savoir que tout est juste : faites donc le choix de ce qui est le plus confortable pour vous !

Une ronde est une série de tapotements sur l'ensemble des points.
Il existe des rondes courtes, utilisant simplement les points du visage et du buste, et des rondes longues, où l'on va tapoter en plus sur les points d'une seule main. Il y a enfin des rondes très longues, où l'on tapotera cette fois sur les deux mains.

Personnellement, je tapote avec les deux mains et des deux côtés quand c'est possible ! Je vous conseille de tapoter une dizaine de fois chaque point. On commencera toujours par le **point karaté,** qui va remettre notre système énergétique en voie de fonctionner et apaiser les pensées négatives. C'est cette action qui relance la circulation de l'énergie dans le corps.

J'ai créé ces protocoles intuitivement, ce qui explique que certains comportent des rondes courtes et d'autres des rondes longues. Parfois on terminera sur le point karaté, parfois sur le sommet de la tête.

Voici les abréviations telles qu'elles sont présentées dans l'ensemble des protocoles.

D'abord le point karaté - **Pk**

Puis de haut en bas :

- Sommet de la tête - **St**
- Début du sourcil - **Ds**
- Coin de l'œil - **Co**
- Sous l'œil - **So**
- Sous le nez - **Sn**
- Creux du menton - **Cm**
- Sous la clavicule - **Cl**
- Sous le sein - **Ss**
- Sous le bras - **Sb**

Puis, pour finir, les points de la main

- Le coin de l'ongle du pouce - **Po**
- De l'index - **In**

- Du majeur - **Ma**

- De l'auriculaire - **Au**

- Le point de gamme - **Pg**

**(Le point de gamme est le plus souvent utilisé entre deux rondes dans une séance complète, voir les annexes 4 et 6 à la fin
du livre)**

(Note : l'ordre Ss / Sb peut varier d'un praticien à l'autre)

Si vous ne pouvez pas tapoter (en cas de blessure ou absence de membre, parce que vous êtes dans les transports, dans un lieu public, en voiture, en avion, etc.), vous avez tout de même les deux possibilités suivantes qui s'offrent à vous pour réaliser votre séance. J'ai testé les deux techniques et j'ai vraiment été surprise de leur efficacité. Ne les sous-estimez pas, testez plutôt :

• En tapotant uniquement le pouce et l'index l'un contre l'autre.

• En visualisant que vous tapotez sur les différents points, une dizaine de fois sur chacun.

À savoir qu'une ronde dure une trentaine de secondes et que l'on tapote sur le point une dizaine de fois.

Dépasser l'égo

Bien sûr, il vous faudra passer au-dessus de l'égo qui vous dira que vous avez l'air bête de tapoter comme cela (et peut-être même qu'il ne verra pas comment cela pourrait marcher pour vous…). N'hésitez pas à le remercier, à lui expliquer que vous avez envie de tenter d'autre chose et, surtout, demandez-lui de vous laisser tranquille ! Oui, toutes nos résistances sont faites pour être dépassées et l'égo, lui, cherche à vous ramener dans ce qu'il connaît, c'est-à-dire votre zone de confort. Une zone confortable certes, mais avouez-le, où il ne se passe pas grand-chose ! Apprenez à apprivoiser votre égo, donnez-lui un prénom, prenez le temps d'écouter ce qu'il a à vous dire, puis, quand il aura été entendu, renvoyez-le sagement à sa place !

Un jour, lors d'une séance chez mon amie Sylvie, son fils (adulte) nous a vues en train de tapoter. Plus tard, il a ri en disant que l'on ressemblait à des bonobos ! Personnellement, il m'a fallu un peu de temps pour assumer ma pratique de l'EFT et oser me montrer ! Je me souviens que les premiers mois, je réalisais mes exercices timidement et cachée dans la chambre. Si j'entendais un bruit, je m'arrêtais, ayant peur d'être vue, moquée et jugée, tout simplement parce que je me jugeais moi-même !

Heureusement, j'ai dépassé tout cela et, aujourd'hui, je peux le pratiquer à peu près partout : en voiture avec mon homme qui conduit, sur un parking, sur une aire d'autoroute et même dans une salle d'attente !

Pour vous familiariser avec le fait de tapoter, je vous invite maintenant à essayer d'effectuer quelques rondes, dans l'ordre que je viens de vous indiquer, tout en respirant profondément.

Soyez attentif à ce qui se passe en vous ensuite, vous pourrez ressentir comme des fourmillements dans le corps. Ce sont les cellules de votre corps qui se réveillent, qui s'activent et qui pétillent dans tous les sens : l'énergie se remet à circuler dans l'ensemble du corps. Les plus sensibles à l'énergétique pourront sentir les toxines énergétiques descendre vers la terre, par les jambes et les pieds, car c'est de cette manière que l'on évacue les énergies.

Chapitre 7 : Identifier les points principaux

Des points magiques

Chaque point va travailler en deux temps : libérer un groupe d'émotions négatives et développer de nouvelles possibilités. Je vous communique à chaque fois les correspondances émotionnelles positives et négatives, c'est-à-dire les qualités que vous allez développer et les émotions que vous allez libérer.

Notez que vous pouvez choisir de tapoter un point en particulier, soit parce qu'il correspond à une émotion désagréable à laquelle vous êtes régulièrement confronté, ou à une qualité que vous souhaitez libérer.

Le simple fait de tapoter sur les différents points va avoir un effet activateur (de qualités) et libérateur (d'émotions). Au cours des centaines de séances individuelles que j'ai réalisées, les signes de libération se traduisent le plus souvent par des bâillements ou des renvois, des larmes ou des sanglots.

L'illustration qui suit vous permettra d'identifier les points d'un coup d'œil. Notez qu'à l'exception des points du sommet de la tête, sous le nez et du creux du menton, tous les autres sont présents des deux côtés.

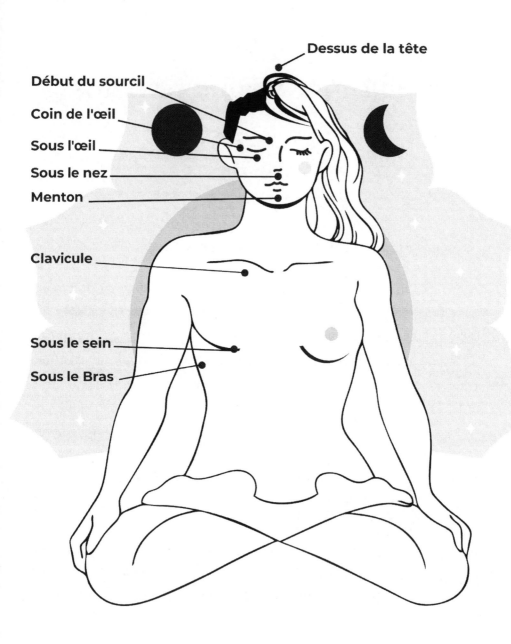

Identifier les points principaux

Les correspondances émotionnelles

- **Dessus de la tête :**

Ce point s'appelle en fait sommet de la tête. Il est situé sur le point le plus haut du crâne, au niveau du chakra coronal. **Son abréviation est St.** On tapote ce point du bout des doigts, à une ou à deux mains. Il est relié au vaisseau gouverneur qui a la faculté de rassembler tous les mouvements de la vie en nous. C'est un point important chez les personnes ne s'acceptant pas.

Libère : les tensions psychiques, la perte de courage, la difficulté d'aller de l'avant.

Développe : les fonctions intellectuelles (concentration et mémoire) ; agit sur les 5 organes des sens et redistribue l'énergie ; apaise, apporte force et volonté. Le point «fontanelle», point de croisement des 6 méridiens Yang, se trouve vers l'arrière du sommet du crâne. C'est un point de rencontre majeur de l'ensemble des méridiens dont la stimulation rétablit l'entente harmonieuse.

- **Début du sourcil :**

Ce point est situé au début du sourcil, dans le prolongement du nez, au début naturel du sourcil. **Son abréviation est Ds.** On tapotera ce point du bout des doigts, index et majeur réunis. Ce point est bilatéral, on le retrouve donc de chaque côté. On peut choisir de tapoter un côté ou les deux. Ce point est relié au méridien de la vessie.

Libère : les frustrations, les peurs viscérales, ce qui nous maintient dans l'inaction, les séquelles émotionnelles laissées par des événements difficiles, le manque d'ambition, de volonté et d'ardeur à faire les choses, la stagnation dans n'importe quel domaine de la vie.

Développe : la force intérieure, améliore le ressenti des émotions et l'intuition, donne de l'ambition, de la motivation, le courage d'effectuer les changements qui remettent sur le « droit chemin », celui qui nous permet d'exprimer librement nos talents innés.

- **Coin de l'œil :**

Le point est situé au coin de l'œil : sur le petit os du coin de l'œil. Ce point est bilatéral, on le retrouve ici aussi des deux côtés. **Son abréviation est Co.** On le tapote de la même manière que le point du début du sourcil, du bout des doigts, index et majeur réunis. Ce point est relié au méridien de la vésicule biliaire.

Libère : la difficulté à faire des choix, les doutes, la confusion, les rancunes obsessionnelles et le besoin de vengeance, les sentiments de rage et de haine ; apaise les tempéraments excessifs et agités.

Développe : une prise de décision réfléchie, la capacité à avoir une vue plus juste sur l'ensemble des choses, l'expression constructive de la colère, la capacité à mettre ses idées et ses rêves en pratique, à se tourner vers l'avenir en ayant intégré les expériences du passé.

- **Sous l'œil :**

Le petit os sous l'œil est situé sur le plancher orbital : le regard droit, le point est environ 2 cm sous la pupille. **Son abréviation est So.** Ce point est aussi bilatéral. On le tapote de la même manière que les deux points précédents : du bout des doigts, index et majeur réunis. Ce point est relié au méridien de l'estomac.

Libère : le manque, le vide que l'on porte en soi, les addictions, les besoins d'attachement excessifs, la privation, le mécontentement et l'insatisfaction profonde, le manque de confiance en l'avenir, les idées fixes et les soucis obsessionnels.

Développe : la capacité à équilibrer entre donner et recevoir, la sensation de plénitude et de contentement, la juste expression des sentiments affectifs, l'ouverture de l'esprit aux connaissances nouvelles.

- **Sous le nez :**

Ce point est situé sous le nez, au niveau du petit espace entre le nez et la lèvre supérieure. Aussi appelé " le chut de l'ange ". Ce point est relié au méridien vaisseau gouverneur (qui contrôle et dirige tous les méridiens YANG du corps) **Son abréviation est Sn.** On le tapote du bout des 3 doigts : index, majeur et annulaire.

Libère : le sentiment de résignation et d'impuissance, l'épuisement, la contrainte, la timidité, la honte de soi et les retenues maladives, la peur d'affirmer, de s'imposer ou d'oser dire non, la gêne de se montrer aux autres, de parler en public, le stress des examens.

Développe : l'affirmation de soi authentique et l'audace d'exister sans se soucier du regard des autres, l'aisance en société et la prise de parole en public.

• Creux du menton :

Ce point est situé entre la lèvre inférieure et le menton, le creux du menton. Ce point est relié au méridien vaisseau conception (qui contrôle et dirige tous les méridiens Yin du corps) **Son abréviation est Cm**. On le tapote de la même manière que le point Sn : index, majeur et annulaire réunis. Il est possible de stimuler aussi les points Sn et Cm ensemble.

Libère : la culpabilité, la honte, le manque de confiance, le sentiment d'échec et de victimisation, le besoin de se punir et de punir les autres, l'accablement, les tourments et la désolation.

Développe : la possibilité de pardonner et d'accepter ce qui est, l'acceptation du passé et des événements qui le composent, la volonté d'aller de l'avant en clôturant un chapitre.

• Sous la clavicule :

Ce point est situé là où se rencontrent le sternum, la clavicule et la première côte. Ce point est relié au méridien des reins. **Son abréviation est Cl.**

Pour le trouver, placez votre index sur le petit U au haut du sternum, glissez votre doigt vers le bas, environ 2 cm, ensuite vers la droite ou la gauche, environ 2 cm.

C'est le point d'urgence qui vous permettra de désamorcer les moments de paniques, de peurs ou d'angoisses. Ce point se tapote un peu plus fort que les autres. Vous trouverez plus d'informations à ce sujet dans le chapitre 11 - *Le protocole de retour au calme*

Libère : les peurs sous toutes leurs formes, les paniques, les anxiétés, les angoisses, les craintes, les terreurs, les tensions psychologiques, l'agitation, l'affolement ; il délivre des névroses d'angoisses et des phobies.

Développe : renforce le système immunitaire (il fait partie des points dits « toniques »), le sentiment de sécurité en tout lieu, le calme intérieur, le désir d'avancer dans la vie et l'envie de faire des choses impensables avant.

- <u>**Sous le sein :**</u>

Ce point est situé sous le sein, à quelques centimètres sous le mamelon. Pour les femmes, on tapotera au niveau de l'armature du soutien-gorge. Pour les hommes, le point est 2 cm sous le téton. **Son abréviation est Ss.** Ce point est relié au méridien du foie.

Libère : les sources de colère et de frustration sentiments de désarroi, de frustration, de confusion intérieure, les doutes, l'incapacité à se résoudre et l'étroitesse d'esprit qui condamnent à la stagnation.

Développe : une vue saine des situations avec une juste appréciation des faits, aide à prendre des décisions importantes et à établir des plans d'action, et à effectuer des changements en toute connaissance de cause. Le dynamise et la fougue nécessaires à la poursuite des ambitions. La confiance en soi et en son propre jugement et point de vue sur les choses, l'envie d'exprimer ses talents innés et ses compétences personnelles.

- **Sous le bras :**

Ce point est situé environ 10 cm sous l'aisselle (une largeur de main). **Son abréviation est Sb.** Le point Sous le bras est relié au méridien rate-pancréas.

Libère : le pessimisme et le défaitisme, l'accablement, l'ennui, le renoncement, les sentiments et interdits intérieurs qui empêchent d'assimiler les joies de l'existence, la tristesse, l'insécurité matérielle, les coups de blues, anxiété et état soucieux, le manque de douceur, l'amertume, le manque d'originalité.

Développe : la confiance en soi, l'assurance personnelle, le contentement, l'espoir et le sentiment de bien-être, l'envie de croître et de se développer, d'apprendre de nouvelles choses.

Si vous choisissez de tapoter des deux côtés, veillez à ne pas croisez vos bras, pour laisser l'énergie circuler librement.

Chapitre 8 :
Identifier les points de la main

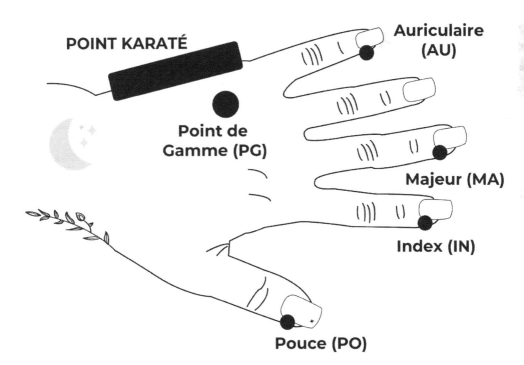

Point karaté et inversion psychologique (IP)

Le point karaté est le point par lequel on démarrera toujours une ronde en EFT. Il agit en deux temps sur le plan mental et sur le plan énergétique :

• **Au niveau mental, les tapotements à cet endroit permettent de « lever l'inversion psychologique » (IP) c'est à dire libérer les pensées négatives, les résistances intérieures et les mécanismes d'auto-sabotage qui pourraient entraver une bonne libération ou une programmation positive.**

• **D'un point de vue énergétique, l'inversion psychologique constitue un blocage d'énergie dans le corps : c'est une inversion de la polarité qui entrave toute possibilité de guérison.** C'est un blocage inconscient qui est présent dans la plupart des cas. Cela se traduit par l'auto-sabotage et les résistances inconscientes au changement. C'est par exemple, vouloir changer mais ne pas être prêt à faire tout ce qu'il faut pour que les choses soient différentes. Cela entrave tout processus de guérison.

Pour vous faire une idée de ce qui se passe dans votre corps si vous êtes en inversion psychologique, imaginez que vous êtes comme une télécommande avec les piles mises à l'envers : vous êtes donc incapable de fonctionner correctement.

Pour être sûr que le travail agisse en vous, il est alors essentiel de commencer par cette étape. L'action sur ce point permet de relancer la circulation de l'énergie dans tout le système qui va alimenter les différents corps subtils : méridiens et chakras (pour plus d'information à ce sujet, consultez l'annexe 2 – *Points méridiens et circulation de l'énergie* à la fin du livre).

Exception faite du point karaté, qui est un point essentiel tant en EFT de libération émotionnelle qu'en EFT positif, les points des doigts sont des points complémentaires que l'on peut utiliser ou pas en fonction des séances et des protocoles. Le point de gamme lui, est le plus souvent utilisé dans la gamme des 9 actions (voir l'annexe 3 - *Le déroulement d'une séance EFT complète*).

Les correspondances émotionnelles

- **Point karaté :**

Il se situe sur le tranchant de la main. **Son abréviation est Pk.** Il est relié au méridien de l'intestin grêle. Ce point est bilatéral et, personnellement, je tapote le plus souvent les deux mains l'une contre l'autre.

Plus couramment, on le tapote avec la main forte (la main avec laquelle vous écrivez) sur le tranchant de la main faible. C'est le point de l'inversion psychologique.

Libère : l'auto-sabotage, les blocages conscients et inconscients, les pensées négatives, les oppositions éventuelles du subconscient à la réalisation de nos objectifs (IP), les appréhensions, l'anxiété, le trac ; il chasse les sentiments de tristesse et de découragement, le pessimisme, les pensées noires, le manque de confiance (en soi, les autres, la vie etc.), la crainte de l'échec (ou du succès), le besoin de rester absorbé dans ses problèmes.

Développe : les capacités intellectuelles, la perspicacité, l'adresse physique, les performances en tout domaine (sportif, sexuel, académique, professionnel, etc.).

- **Coin de l'ongle du pouce :**

Son abréviation est Po. Il est relié au méridien des poumons.

Libère : la tristesse, l'abattement profond, les peines qui tournent à l'obsession, la souffrance intérieure, les sensibilités extrêmes, la bonté excessive et démesurée ; il aide à panser les plaies intérieures laissées par des événements tragiques, les séquelles des sévices émotionnels qui nous ont été infligés ; il délivre du besoin de conserver un souvenir dans la tristesse ou de rester lié au passé par souci de châtiment.

Développe : le détachement, l'inspiration et la prise en main de sa destinée..

- **Coin de l'ongle de l'index :**

Son abréviation est In. Il est relié au méridien du gros intestin.

Libère : tous les problèmes d'égo, le besoin de contrôle, de ressasser le passé et les rancunes, la rigidité de pensée et l'inflexibilité.

Développe : le lâcher prise, la libération intérieure de nos plaies émotionnelles ; il aide à pardonner aux autres et à soi-même, à être plus indulgent avec soi-même.

- **Coin de l'ongle du majeur :**

Son abréviation est Ma. Il est relié au méridien du maître du cœur, « organe virtuel » relié au cœur. Il contrôle son automatisme et régule la circulation sanguine dans le cœur et les vaisseaux.

Libère : les sentiments d'infériorité et le manque de confiance en soi, l'esprit de soumission et les conformités, le besoin de se tenir sous le joug des autres, la négligence de ses besoins affectifs et la difficulté de faire des choix.

Développe : l'indépendance, l'expression et l'affirmation de soi ; favorise l'enthousiasme, réveille les passions et soigne les problèmes liés à la sexualité.

- **Coin de l'ongle de l'auriculaire :**

Son abréviation est Au. Il est relié au méridien du cœur (de l'organe).

Libère : le sentiment d'insécurité, l'instabilité émotionnelle, le sentiment d'abandon ou de désertion, le chagrin profond non-exprimé, la distraction, la difficulté de concentration, le rêve éveillé, la paranoïa et les lamentations, l'irritabilité, les contrariétés fréquentes, le manque de confiance en soi, la timidité, un grand attachement aux détails, l'introversion,
Développe : la sécurité, la stabilité émotionnelle, la joie.

- **Point de gamme :**

Il est situé sur le dessus de la main. **Son abréviation est Pg.** Il est relié au méridien du triple réchauffeur. Le point de gamme est surtout utilisé en EFT pour l'exercice de la Gamme des 9 actions (plus d'informations à ce sujet dans l'annexe 4 - *Le déroulement d'une séance complète*) qui, effectué entre deux rondes, va libérer les blocages d'énergie et équilibrer le cerveau droit et le cerveau gauche afin qu'ils travaillent ensemble pour la recherche de solution. Vous pouvez tout aussi bien tapoter ce point ponctuellement dans vos rondes si vous en éprouvez le besoin. C'est le point qui agit aussi sur notre capacité à ouvrir notre cœur !
Libère : le besoin d'isolement, le sentiment d'être rejeté et abandonné par les autres ; il délivre de l'emprisonnement créé par nos certitudes.

Développe : la capacité à ouvrir son cœur, l'équilibre entre le donner et le recevoir ; développe aussi l'équilibre et l'harmonie.
Vous trouverez à l'annexe 6 à la fin du livre un exercice pour l'ouverture du chakra du cœur avec le point de gamme.

Les points situés sur les doigts sont situés au niveau du coin de l'ongle, côté intérieur, c'est-à-dire vers le corps. On tapotera ces points avec l'index et le majeur réunis. Les points des mains sont tous bilatéraux et nous les retrouverons donc sur chacune des mains. Lors d'une séance d'EFT de libération émotionnelle en lien avec une situation donnée, il sera possible de passer sur une main (ronde longue), puis l'autre (pour une ronde très longue) si l'intensité de l'émotion est très intense par exemple : cela donne un peu plus de temps à la personne pour se libérer.

Vous pourrez tapoter plus longtemps sur un point pour libérer une émotion ou renforcer l'aspect que vous souhaitez développer !

Chapitre 9 : Les différents types de tapotements

Dans ce chapitre, je vous explique comment tapoter et quelles sont les différentes possibilités qui s'offrent à vous. Dans la plupart des cas, on tapotera avec la main forte (celle avec laquelle on écrit) ou avec les deux mains. Personnellement, je tapote le plus souvent avec les deux mains.

Tous les points sont présents des deux côtés, sauf pour le sommet de la tête. Vous pouvez donc tapoter d'un seul côté (celui qui vous va le mieux) ou bien des deux. Je vous conseille d'essayer les différentes possibilités pour voir ce qui vous va le mieux.

Les tapotements en pratique

• **Le point de la tête :** on tapotera à 2 ou 3 doigts, du bout des doigts et avec légèreté.

• **Les points du visage :** on tapotera index et majeur serrés l'un contre l'autre, pour une polarité neutre.

En médecine chinoise, chacun des doigts possèdent une polarité Yin, énergie négative, ou Yang, énergie positive : **l'index de la main gauche est négatif alors que l'index de la main droite est positif**. À l'inverse, **le majeur de la main gauche est positif et le majeur de la main droite est négatif**. Les joindre permet de créer un courant l'énergie neutre. Pour plus d'informations à ce sujet, vous pouvez vous référer à l'annexe 1 - *Les chakras*).

- **Les points du buste** : on tapotera les 3 points (clavicule, sous le sein, sous le bras) du bout des 5 doigts joints (comme pour former un bec de canard).

- **Le point de la clavicule** : se frappe du bout des 5 doigts plus fortement qu'ailleurs. Prenez l'habitude de stimuler ce point du bout des cinq doigts quand une émotion forte vous submerge (une envie de pleurer, une grande inquiétude pour quelqu'un, une immense colère, une peur panique, etc.) : vous effectuerez alors un rapide retour au calme. Vous trouverez plus d'informations à ce sujet dans le chapitre 11 - *Le protocole de retour au calme*.

Il est possible de tapoter ensemble le point sous le nez (Sn) et le point du creux du menton (Cm), majeurs et index serrés l'un contre l'autre. Dans ce cas, les tapotements sur ces 2 points se feront horizontalement.

Chapitre 10 : L'effet papillon

Ce chapitre vous explique ce que vous pouvez parfois ressentir pendant un processus de changement et de programmation mentale positive. C'est ce que j'appelle le double effet Kiss Cool, celui que l'on n'attend pas forcément et qui peut nous surprendre !

Qu'est-ce que je vais libérer ?

L'EFT Positif nous permet de travailler à améliorer un à un les différents aspects de la vie par une programmation mentale positive. Avec les protocoles, c'est important d'avoir à l'esprit que nous ne savons pas à l'avance ce qui va être libéré chez chacun. **On peut imaginer que toutes les émotions connectées au thème que vous aurez choisi seront soulevées tout au long du processus, cela viendra connecter avec des parcelles de votre expérience de vie.**

L'intensité des libérations dépendra de ce que vous avez vécu dans le passé, de vos traumatismes, de vos blessures émotionnelles non résolues et d'où vous en êtes avec votre travail sur vous-même.

Dans la vie, toute action entraîne une réaction, c'est ce que l'on appelle l'effet papillon ! L'EFT Positif nous permet aussi d'enlever une à une, couche après couche, tout ce qui nous barre la route inconsciemment pour devenir plus conscient de ce que nous portons.

> **Pendant la réalisation de l'exercice, vous pouvez être pris de bâillements, de gaz (renvois ou flatulences) ou de changements soudains de température. Ce sont des signes que les choses bougent et se libèrent en vous !**

Tout au long d'un processus de changement, il est fréquent de vivre des résistances intérieures conscientes et inconscientes qui vous pousseront à revenir dans votre zone de confort : cela peut se traduire par le fait de ne pas avoir envie de réaliser l'exercice (alors que vous avez démarré il y a quelques jours, vraiment déterminé), ou par le simple fait « d'oublier » ! Oui, votre subconscient va mettre un peu de temps à intégrer que vous faites quelque chose de nouveau et ce n'est pas très sécurisant pour lui. Ce qu'il souhaite, lui, c'est de vous maintenir en sécurité, c'est-à-dire dans ce qu'il connaît et qui est normal pour lui (même si ce n'est pas très épanouissant pour vous).

Pendant les défis, vous pourrez aussi être soumis à quelques perturbations d'ordre physique et physiologique, mental ou émotionnel, et ce, pendant l'ensemble des 21 jours.

Comme je l'ai dit plus haut, il sera normal d'avoir l'impression que les cellules de votre corps « pétillent » après l'exercice. C'est en fait l'énergie qui circule et qui s'harmonise, se répartissant intelligemment et équitablement dans le corps.

Tout travail de libération énergétique entraîne une réaction et j'ai découvert au cours de mon expérience sur ce chemin que le négatif accumulé au fil du temps devait bien être libéré d'une manière ou d'une autre. Ce sont parfois les premiers signes que l'on obtient quand on entame un travail de programmation positive : travailler sur plus d'argent et d'abondance et, d'un coup, faire face à une facture fantôme ou perdre sa carte bancaire ; travailler sur sa relation de couple et se disputer avec son conjoint ; travailler sur une meilleure santé et attraper un gros rhume... **C'est toujours pour moi le signal que le travail de nettoyage et de reprogrammation a commencé !**

Pendant un défi, certaines choses peuvent remonter à la surface et nous apparaître plus clairement. Des compréhensions nouvelles peuvent s'opérer et des souvenirs passés peuvent se réactiver car nous devenons de plus en plus conscients de nos manières de fonctionner.

Je sais que vous êtes nombreux, au cours des défis collectifs ou de votre pratique individuelle sur ma chaîne YouTube (Flore Power), à avoir touché du doigt cet effet papillon : chaque couche émotionnelle de retirée nous amène un peu plus près de l'origine de nos blessures.

Les effets et les ressentis sont différents d'un être à l'autre. Quoi qu'il en soit, ce sont des périodes temporaires, des pas-sages vers le mieux, qui devraient se dissiper au fil des jours. Voyez-le aussi comme le signal que le travail se fait, que les choses se libèrent en vous à mesure que vous intégrez le nouveau. Mon conseil pour ces moments-là est d'accueillir vos émotions, en les laissant être tout simplement, et de continuer à faire ce pas chaque jour, vers vous-même.

Ce qu'ils en disent : « *J'ai commencé le défi il y a 5 jours et j'ai accumulé beaucoup de grosses contrariétés. Que dois-je en penser ?* »
Cairelle, abonnée YouTube

Oui, comme je vous le dis, la première semaine, ça swingue un peu !

Les « crises » de guérison

Je vous communique ici, aspect par aspect, les différents effets qui peuvent se faire sentir, afin que vous sachiez à quoi vous attendre.

Sachez toutefois que cette liste n'est pas exhaustive. Je l'ai créée grâce à mon expérience avec l'EFT Positif que je pratique et que je partage depuis plus de 4 ans maintenant. Mais aussi grâce à vous tous : à nos échanges sur le groupe Facebook (*Vivre Bien C'est Penser Bien*), sur le blog (florepower.com) et à vos retours sur la chaîne YouTube (*Flore Power*).

C'est ce qu'on appelle aussi des « crises de guérison » pendant lesquelles, soudainement, le corps va se mettre à traduire certains maux, signe qu'il se décharge de ses énergies négatives. Ces passages peuvent avoir une intensité variable d'une personne à l'autre, tout dépend du thème que nous travaillons, d'où nous en sommes avec le travail sur nous-même et de ce qu'il nous reste encore à libérer.

Les effets sur le corps mental

- Doutes, résistances intérieures, lutte, auto-sabotage,
- Moral dans les chaussettes,
- Rumination du mental, pensées négatives, idées fixes,
- Sommeil agité, cauchemars, rêves sans queue ni tête,
- Souvenirs occultés réactivés.
- Besoin de ranger, de faire de l'ordre autour de soi

Les effets sur le corps émotionnel

- Sensation de vide,
- Pleurs, tristesse, chagrin,
- Déprime, angoisses, anxiétés,
- Irritabilité,
- Le fait de faire face à son émotion dominante de manière exacerbée,

- Fringales, envie de sucre et manger plus qu'à l'habitude.

Les effets sur le corps physique

- Sensation soudaine de chaud ou de froid,

- Douleurs (anciennes ou nouvelles) et courbatures,

- États de fatigue passagers ou persistants,

- Transpiration nocturne,

- Signes d'état grippal ou de rhume,

- Infection, fièvre ou état fiévreux,

- Eczéma, urticaire, sécheresse de la peau,

- Perte de cheveux,

- Modification de l'odeur corporelle,

- Nausées passagères.

Ce qu'ils en disent : « *Quand le défi a démarré, je me souviens les premiers jours avoir eu des réactions bizarres, des rêves bizarres et des émotions bizarres, il se passait vraiment quelque chose en moi que je ne comprenais pas. Ça a duré une dizaine de jours.* »

Christine, Membre du groupe Facebook *Vivre Bien* Extrait de son témoignage publié sur mon site en décembre 2019.

Retrouvez cet article sur mon blog :

Traverser la zone de turbulence

Forcément, c'est tout votre système énergétique qui est en plein nettoyage : vous libérez des émotions qui étaient bloquées depuis longtemps et l'énergie se remet à circuler en vous ! Vous intégrez de nouvelles croyances et balayez celles que vous avez toujours eues. Il faut un peu de temps à votre corps pour intégrer le changement vibratoire. Quoi que vous viviez, quoi que vous ressentiez, je vous conseille d'accueillir, de lâcher les résistances et d'être dans l'acceptation de ce qui se passe en vous pendant ce processus de changement. **Surtout continuez le travail que vous avez entrepris !**

Le fait d'accueillir ce que nous vivons permet de préserver de la fluidité dans nos énergies, ainsi nous ne créons pas de nœuds énergétiques supplémentaires car toute émotion non-acceptée, non-reconnue, refoulée, vient créer un blocage dans nos énergies, car elle se cristallise dans nos cellules.

Alors autorisez-vous à traverser cette zone de turbulence, même si ce n'est pas confortable. Pensez que c'est pour la bonne cause : devenir la meilleure version de vous-même ! Chaque défi est une nouvelle programmation qui va s'intégrer en vous à force de répétition. Ne vous découragez pas à cause des effets et voyez les plutôt comme le signal que le travail est enclenché.

Personnellement, quand je travaille sur un défi, la libération se fait sur le plan physique par des douleurs, de la fatigue et une perturbation du sommeil (parfois avec ce qui ressemble à un début de rhume, un état fiévreux). C'est aussi le corps qui se manifeste pour qu'on se mette plus à son écoute et au rythme qu'il nous impose. La première semaine, je sens vraiment le côté libération émotionnelle, où des émotions remontent pour être libérées.

Ces symptômes nous indiquent le moment pour cesser de lutter et apprendre à s'écouter, notamment au travers du corps qui nous passe des messages avec ces symptômes.

Vous pouvez aussi équilibrer ce que vous vivez en complétant avec des méthodes naturelles comme les fleurs de Bach et la lithothérapie* avec les pierres et les cristaux que j'utilise régulièrement.

Notez que le quartz rose est une pierre véritablement efficace pour l'apaisement et le retour au calme. Certains membres de ma communauté m'ont rapporté avoir aussi utilisé l'aromathérapie et l'homéopathie pour rééquilibrer leurs états émotionnels.

Prenez l'habitude d'aller chercher les causes émotionnelles et psychologiques de ce que vous vivez : elles nous donnent toujours de précieuses indications sur ce que nous refusons de voir.

Il existe de nombreux livres sur le sujet et internet regorge d'articles ! *Le Grand dictionnaire des malaises et des maladies* de Jacques Martel et *Dis-moi où tu as mal, je te dirai pourquoi* de Michel Odoul sont des outils que j'aime utiliser pour obtenir des éclaircissements.

Pensez à boire beaucoup d'eau, notamment pendant les heures qui suivent l'exercice. En cas de symptômes ou de baisse de régime, accordez-vous le repos nécessaire. Pendant toute la durée du défi, soyez particulièrement à l'écoute du corps.

Certains membres de ma communauté ont fait face à des souvenirs jeunesse ou de leur enfance qu'ils avaient occultés, avec des événements oubliés qui sont remontés à l'esprit conscient pendant les défis. J'ai moi-même vécu cette expérience troublante il y a 3 ans. Cela peut-être déroutant et difficile à vivre que de réaliser que l'histoire qu'on se racontait n'était pas tout à fait juste. Si vous êtes dans ce cas, je vous conseille vivement de vous faire accompagner. Surtout, ne restez pas seul dans cette étape. Vous pouvez aussi m'écrire sur le blog (florepower.com)ou me rejoindre sur le groupe Facebook - *Vivre bien c'est penser bien*.

Si vous n'obtenez pas de résultats ou que les choses vous semblent empirer, ce sera le signe qu'une croyance limitante contraire à votre but est bien en place dans vos conditionnements et qu'elle vous barre la route.

Pensez que le positif s'intègre mieux quand nous sommes libérés de nos blessures émotionnelles et de nos croyances. **Il est toujours judicieux de "déblayer" le terrain, comme dans un jardin, avant d'y semer des graines. N'hésitez pas à utiliser l'exercice de libération émotionnelle proposé en annexe !**

L'EFT positif nous libère de nos émotions et de nos conditionnements. Il apaise nos souffrances et nous programme au meilleur mais ne nous permet pas pour autant de guérir nos blessures, ni de résoudre nos traumatismes du passé. Je vous propose dans les annexes en fin d'ouvrages plusieurs méthodologies pour pouvoir libérer vos états émotionnels et vous accompagner au quotidien.

Chapitre 11 : Optimiser ses résultats

Trucs et astuces

Je vous communique une liste de conseils pour une pratique en conscience qui optimise les résultats.

- Préférez pratiquer l'EFT Positif quand vous êtes dans un état émotionnel neutre ou apaisé. Si vous êtes dans un état d'esprit négatif ou perturbé émotionnellement, je vous conseille de réaliser avant votre séance, le protocole de retour au calme, ou l'un des exercices d'apaisement proposés au chapitre 11

- La position est importante : vous veillerez à être assis confortablement, le dos droit et les pieds bien à plat sur le sol.

- Buvez de l'eau avant et après avoir réalisé l'exercice. Pensez à bien vous hydrater tout au long du processus des 21 jours.

- Avant de réaliser l'exercice, prenez toujours un instant pour vous recentrer et vous placer en état de disponibilité afin d'être pleinement présent. Effectuez au moins 3 respirations lentes et profondes en plaçant vos mains sur le chakra du coeur, situé au centre de votre poitrine.

- De préférence, effectuez l'exercice le matin au saut du lit, en premier geste de la journée : cela donnera une nouvelle dynamique à votre journée ! Vous verrez que votre énergie en sera amplifiée. À titre d'information, notre journée est déterminée par ce qu'il se passe pendant la première heure suivant notre réveil. Nous avons donc tout intérêt à en prendre soin ! Les premières minutes d'éveil sont le moment où la communication avec notre subconscient est la plus étroite car l'égo est encore au repos. C'est donc un des meilleurs moments pour y semer des graines de pensées positives et pour utiliser la visualisation créatrice (avec la phase d'endormissement du soir et tous les temps de relaxation).

- Pendant l'exercice, essayez autant que possible d'être dans la conscience de chaque mot et de ressentir le positif en l'affirmant, d'où l'intérêt d'être dans un état neutre ou apaisé.

- Souvenez-vous que c'est TOUJOURS l'émotion qui l'emporte dans le processus de création de la réalité : soyez donc enthousiaste autant que possible. Plus vous êtes aligné, c'est-à-dire que vous ressentez vraiment ce que vous dites et que vous agissez en accord avec vos idées, et plus votre pouvoir de manifestation est puissant et affiné.

- À la fin de l'exercice, restez un temps en vous, les yeux fermés, pour vous permettre de recevoir et d'intégrer toutes les énergies. Gardez les yeux fermés, respirez et visualisez les affirmations positives, comme des lettres dorées scintillantes qui pénètrent par le sommet de votre tête.

- Ce sont les 21 jours consécutifs qui sont nécessaires pour charger le « logiciel » de programmation positive et commencer à ancrer de nouvelles habitudes et mécanismes de pensée dans votre subconscient. Rater un jour est une forme d'auto-sabotage. Votre subconscient cherche à vous ramener dans votre zone de confort, à vous de vous organiser ce temps chaque jour : mettez une alarme sur votre téléphone ou un Post-it sur le réfrigérateur, réalisez par exemple l'exercice matin au saut du lit, comme premier geste de la journée (c'est ce que je fais, sinon je me laisse dépasser).

- Autant que possible, réalisez le défi à heure régulière pour l'intégrer plus facilement dans votre quotidien.

CAR SI VOUS RATEZ UN JOUR, OUI, IL FAUT RECOMMENCER À ZÉRO !

Chapitre 12 :
Le protocole de retour au calme

En EFT de libération émotionnelle, on intègre le positif uniquement quand l'état émotionnel de la personne est apaisé. Je vous conseille toujours d'effectuer vos exercices d'EFT Positif quand vous êtes dans un état neutre (ou positif). Si vous ressentez des tensions et du stress, prenez un moment pour effectuer ce protocole de retour au calme qui a pour but de vous recentrer, de vous placer dans un état d'esprit plus serein et un état émotionnel plus apaisé. Il vous permettra de libérer les tensions que vous pouvez ressentir sur l'instant.

Comment je procède ?

1. Prenez un instant pour vous centrer et respirez profondément plusieurs fois.

2. Fermez les yeux et pensez à ce que vous ressentez ici et maintenant.

3. Créez une image mentale de tout ce qui crée de la tension.

4. Réalisez un scan corporel en passant en revue les différentes parties du corps de la tête aux pieds, rapidement, sans s'y attarder, juste pour prendre conscience de l'existence d'éventuelles tensions.

5. Évaluez votre niveau de stress du moment sur une échelle de 0 à 10 (zéro = pas de stress, état calme et 10 = stress maximum).

6. Effectuez le protocole en prenant une grande respiration entre chaque point.

7. Buvez un peu d'eau. Évaluez à nouveau le niveau de stress. S'il est supérieur à 3, répétez le protocole.

Le protocole de retour au calme

1ère ronde courte

Pk- *Même si je ressens tout ce niveau de stress en ce moment, je m'accepte complètement*
Pk- *Même si je ressens toute cette tension, cette pression dans mon corps et dans ma tête, je m'accepte complètement*
Pk- *Même si j'ai toutes ces pensées et ces émotions qui me perturbent, je m'accepte autant que je peux ici et maintenant*
St- *Je libère et je relâche chaque pensée*
Ds- *Je libère et je relâche chaque zone de tension*
Co- *Je libère et je relâche chaque image*
So- *Je libère et je relâche chaque émotion*
Sn- *Je libère et je relâche tout ce qui me pèse,*
Cm- *Je libère et je relâche toute la pression*
Cl- *Je libère et je relâche tout le stress*
Ss- *Je libère, je relâche et je laisse aller tout ça*
Sb- *Je libère, je relâche et je retrouve le calme en moi*

2ème ronde courte

St- *J'inspire le calme et j'expire les tensions*
Ds- *J'inspire plus de calme encore*
Co- *J'inspire la paix et j'expire les tensions*
So- *J'inspire plus de paix encore*
Sn- *J'inspire la sérénité et je relâche le stress*
Cm- *J'inspire plus de sérénité encore*
Cl- *J'inspire la détente et je relâche le stress*
Ss- *J'inspire plus de détente encore*

Sb- *Je libère, je relâche et je retrouve le calme en moi*

3ème ronde courte

St- *Je me sens de plus en plus calme*
Ds- *Je me sens de plus en plus détendu(e)*
Co- *Je me sens de plus en plus apaisé(e)*
So- *Je me sens de plus en plus serein(e)*
Sn- *Je me sens de plus en plus relaxé(e)*
Cm- *Je laisse entrer le calme en moi*
Cl- *Je laisse entrer la paix en moi*
Ss- *Je laisse entrer la sérénité*
Sb- *Je fais le vide dans mon esprit et je retrouve le calme en moi*

Effectuez maintenant une ronde **St-Ds-Co-So-Sn-Cm-Cl-Ss-Sb** en respirant profondément.

Terminez par le sommet de la tête :
St- *Je libère, je lâche, je laisse aller et je retrouve le calme en moi*

Respirez profondément, buvez un peu d'eau et réévaluez votre niveau de stress. Répétez le protocole si nécessaire.

Les points de libération

Ces points sont situés sur les coins, à la base du nez.
Cet exercice est à pratiquer dès que l'on se sent bloqué dans quelque situation que ce soit, dès que l'on vit des résistances intérieures, de l'opposition.

1. Asseyez-vous, le dos droit, les pieds bien à plat sur le sol.
2. Fermez les yeux et prenez quelques respirations conscientes, lentes et profondes
3. Joignez l'index et le majeur.
4. Tapotez les coins du nez en pensant à tout ce que vous souhaitez libérez, tout ce qui vous pèse, la charge mentale etc.
5. Accueillez ce qui vient, les ressentis, les sensations, les émotions ; soyez à l'écoute
6. Faites cet exercice quelques minutes, puis prenez un instant pour rester dans ces énergies de libération.

Le point du bonheur

Il y a un point sur le corps dont on parle rarement et que l'on appelle le « point du bonheur » car il neutralise l'énergie négative, renforce le système immunitaire et la santé dans sa globalité. Il est situé dans le haut de la poitrine, entre la fosse du bas du cou, au-dessus du sternum. C'est l'endroit où se trouve le thymus.

On peut tapoter, masser ou caresser ce point : cela permet d'augmenter nos vibrations énergétiques et donc d'augmenter notre bien-être. On peut aussi stimuler le thymus avec le poing, par de petites tapes. À vous de voir la méthode qui vous va le mieux. Faites-le pendant 60 secondes et respirez profondément. On sait que ce point s'est activé quand on ressent des frissons, des fourmillements ou des picotements dans le corps accompagnés d'un regain de vitalité.

Le point d'urgence

Le point situé sous la clavicule (Cl) est considéré comme le point d'urgence. Vous pouvez le solliciter en cas de vives émotions, d'angoisses, de peurs, de paniques ou de stress intense. Comme le point thymus, c'est un point dit « tonique », ce qui signifie qu'une action sur ces points va stimuler le système immunitaire.

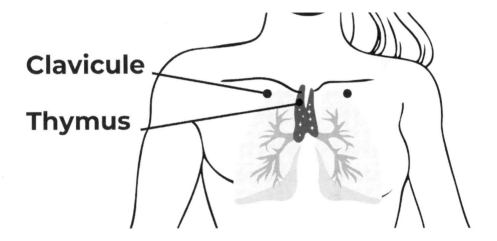

Vous pouvez effectuer l'exercice assis ou debout, avec les pieds bien à plat sur le sol. Je vous conseille de tapoter les 5 doigts joints, des deux côtés en respirant profondément. Tapotez un peu plus fort qu'à l'habitude, en veillant toutefois à ne pas vous faire mal. Respirez profondément, étirez les épaules. Tapotez plusieurs minutes jusqu'à ce que vous vous sentiez apaisé. Buvez un peu d'eau. Répétez si nécessaire et à chaque fois que vous faites face à une émotion désagréable intense.

Chapitre 13 : La feuille de route

La feuille de route vous permettra de suivre votre évolution tout au long des 21 jours et de savoir où vous en êtes. Pris dans les aléas du quotidien, croulant sous le poids des responsabilités et des obligations, on peut vite perdre le fil. Surtout que votre subconscient vous fera facilement « oublier » car il souhaite vous maintenir dans votre zone de confort et de sécurité.

Pensez que ce qui est important, c'est de rester concentré sur son but et d'aller au bout des 21 jours. Souvenez-vous que c'est de cette manière que les nouvelles idées connectées au thème que vous aurez choisi vont s'enregistrer dans votre subconscient. Au fil des jours, vous verrez qu'il vous sera plus facile d'entretenir des pensées positives tout au long de la journée !

Sur la feuille de route, vous pourrez consigner vos observations au jour le jour en notant :
- Le titre du défi que vous aurez choisi
- La date de début et la date de fin
- Vos ressentis (physiques et émotionnels)
- Si vous faites face à certains effets **(voir chapitre 10-** *L'effet papillon*)

- Si des douleurs se manifestent pendant le processus (pour aller plus loin dans votre cheminement, cherchez toujours les causes émotionnelles du moindre bobo)
- Notez vos prises de conscience
- Les changements qui prendront place dans votre nouvelle réalité
- Il peut être aussi intéressant d'évaluer le niveau de confiance en soi au départ, le premier jour, et après le défi. Vous gagnerez certainement quelques points ! Vous pouvez le faire, toujours de la même façon, en l'évaluant sur une échelle de 0 à 10 (10 étant la confiance à son maximum)
- Tout ce qui retiendra votre attention pendant ce temps de travail personnel. Vous pourrez photocopier la feuille de route présente sur la page suivante, la télécharger gratuitement sur mon blog ou même encore créer la vôtre !

Téléchargez votre feuille de route :

Mes Notes

Ma feuille de route

Jour	Date	Observations et ressentis personnels
1		
2		
3		
4		
5		
6		
7		
8		
9		
10		
11		
12		
13		
14		

Ma feuille de route

Jour	Date	Observations et ressentis personnels
15		
16		
17		
18		
19		
20		
21		
22		
23		
24		
25		
26		
27		
28		

Chapitre 14 :
Réponses aux questions les plus fréquentes

Question : *J'ai raté un jour : est-ce que je peux le rattraper ?*

Réponse : Non, un jour de raté est un jour de perdu. C'est la répétition de l'exercice une fois par jour pendant 21 jours qui est nécessaire pour ancrer la programmation durablement. Si vous ratez un jour, vous devez recommencez à zéro.

Question : *Est-ce que je peux réaliser deux défis à la fois ?*

Réponse : Oui, il est possible de réaliser plusieurs défis à la fois, en veillant toutefois à ne pas se surcharger pour préserver votre équilibre. Chaque action entraîne une réaction et à chaque fois que vous travaillez un aspect de votre vie, vous vivez des temps de libération et des temps d'intégration. Ce qui compte, c'est de faire de son mieux et de tenir le cap sur les 21 jours ! À chacun d'apprendre ce qui est suffisant…

Question : *Est-ce que je peux réaliser l'exercice deux fois dans la journée, matin et soir par exemple ?*

Réponse : Oui, il est possible de réaliser l'exercice deux fois par jour pour renforcer ses effets, pour rehausser sa vibration ou pour se donner de l'énergie. Je vous conseille d'apprendre à vous écouter, à faire confiance à vos ressentis et à ce dont vous pouvez avoir besoin !

Question : *Est-ce que je peux continuer au-delà des 21 jours ?*

Réponse : Oui, il est possible (et même conseillé) de continuer quelques jours supplémentaires, au-delà des 21 jours : cela permet de « verrouiller » le travail effectué. D'ailleurs, lors des défis collectifs, je propose toujours 7 jours de prolongation.

Question : *Est-ce que je peux réaliser mon défi avant de me coucher ?*

Réponse : Oui, il est possible de réaliser l'exercice avant de se coucher. Mais ayez conscience que vous allez stimuler votre système énergétique, ce qui peut avoir un effet excitant ou maintenir en éveil, renforcer le travail de libération de l'inconscient par les rêves et peut donc vous faire vivre une nuit agitée.

Question : *Est-ce je dois réaliser le défi dans la journée avant minuit ?*

Réponse : Vous réalisez le défi chaque jour au moment que vous avez choisi entre votre lever et votre coucher.

Question : *Est-ce qu'il est possible qu'en effectuant un défi des 21 jours on puisse faire une sorte de « crise de guérison », comme lors de soins énergétique par exemple ?*

Réponse : *Oui, il est tout à fait possible de ressentir divers effets et maux physiques ou émotionnels pendant un processus de programmation positive. Vous libérez des émotions qui étaient bloquées en vous et, forcément, le corps va le traduire d'une manière ou d'une autre. Voyez-le comme le signal qu'il se passe quelque chose en vous. Je vous donne plus d'informations à ce sujet dans le chapitre 10 - L'effet papillon.*

Partie 2 :

LES DÉFIS DES 21 JOURS

Chapitre 1 :
Les défis par thème

Je partage dans cet ouvrage 42 protocoles d'EFT Positif que j'ai créés intuitivement sur les principes de la loi d'attraction, de la pensée positive et du pouvoir des affirmations. Vous y trouverez aussi 8 protocoles simples de libération émotionnelle pour demeurer plus libre, jour après jour.

Ces protocoles, dans leur ensemble, vous permettront d'amorcer dans votre vie des changements significatifs, de développer un domaine, d'atteindre vos objectifs. Ils vous aideront à gagner en confiance pour devenir des créateurs éveillés, conscients et responsables. Surtout, ils vont vous aider à activer vos ressources intérieures !

Ce sont en tout plus de 1500 affirmations positives vibrantes qui vous sont offertes, pour votre plus grand bien ! Faites-en bon usage, faites les vôtres et commencez aujourd'hui à créer la vie que vous avez décidée !

Vous retrouverez les grands classiques tels qu'ils sont proposés sur ma chaîne YouTube ; certains ont été revus et vous sont proposés en version augmentée.

Mais il y a aussi des protocoles inédits que j'ai créés pour ce livre !

Les rondes de tapotements sont différentes de l'une à l'autre, notamment avec la présence (ou pas) des points de la main. Tous les protocoles ont été revus et se terminent tous par le sommet de la tête, ce qui, à mon sens, permet de laisser une plus grande ouverture énergétique. C'était mon inspiration sur l'instant et je trouve que, de cette manière, l'énergie continue de circuler plus librement.

Votre pouvoir créateur

Dans les enseignements que je partage avec ma communauté, j'insiste sur le fait que nos pensées et nos paroles, sont la matière première de notre vibration. Il nous revient donc de choisir judicieusement les mots, les verbes, les expressions que l'on va utiliser au quotidien pour nos requêtes à l'univers, mais pas seulement ! Vous devez avoir conscience que chaque mot compte : qu'il soit émis en parole ou en pensée, il comporte sa propre vibration et donc, par la fréquence qu'il émet, il façonne notre réalité. Pour progresser vers une vie plus positive, il est donc indispensable d'être attentif à notre mécanisme de pensée et à notre façon de nous exprimer au quotidien. J'ai d'ailleurs rédigé un article à ce sujet sur mon blog en décembre 2017 - *Chaque mot crée : le pouvoir des mots*

Retrouvez cet article sur mon blog :

Votre pouvoir d'intention

La force et le pouvoir des mots peuvent faire des miracles dans n'importe quelle situation. Voilà pourquoi c'est aussi l'intention avec laquelle vous réaliserez les protocoles qui donnera à ce travail une dimension particulière. Il est important d'être dans une pleine conscience, pleinement disponible et présent à ce que nous faisons, concentrés sur nos gestes, affirmant chaque mot avec force et conviction. Vous pourriez être vraiment surpris !

De manière générale, prenez l'habitude de faire les choses avec cœur et amour ! Saviez-vous que "Le cœur est le plus puissant générateur d'énergie électromagnétique dans le corps humain. Le champ d'énergie électromagnétique émis par notre cœur est quelques 5000 fois plus puissant que le champ d'énergie électromagnétique émis par celui de notre cerveau." (Source : Institut pour le développement de la santé intégrative et responsable).

Votre parole est aussi une véritable baguette magique !

Dès lors que vous utilisez votre parole, vous utilisez votre pouvoir créateur. Nous n'avons pourtant pas conscience de cette immuable vérité et à quel point notre pouvoir est grand : notre parole peut créer ou détruire, tout dépend de l'usage que nous choisissons d'en faire. Tout ce que vous affirmez, vous le créez pour vous-même !

Les défis vous offrent cette ligne directrice, ce fil d'Ariane pour demeurer centré et concentré au quotidien sur ce que vous voulez créer, vous aidant à utiliser vos paroles et vos pensées de façon à créer une réalité plus harmonieuse, positive et abondante !

Pour qu'une affirmation positive fonctionne, elle doit vous paraître vraie. Elle doit sonner juste quand vous la prononcez. Aussi n'hésitez pas à modifier celles que je vous propose pour qu'elles résonnent le plus justement possible en vous.

Faites vibrer les mots !

Prenez l'habitude de prononcer les affirmations à haute voix. Ce sera peut-être un peu difficile au départ pour vous, si vous n'avez encore jamais réalisé de défi. Mais je vous encourage à le faire. La vibration sonore est plus puissante que celle de la pensée. Chacun des mots va venir résonner dans vos différents corps énergétiques et dans toutes vos cellules pour s'imprégner dans tout votre être. Affirmez chaque mot avec force et conviction, dans la conscience de ce que vous dites afin que toute votre énergie se mette en route dans la direction que vous lui aurez donnée.

En fin d'exercice, prenez toujours du temps pour rester dans l'énergie du défi, les yeux fermés, en respirant profondément. Je vous conseille de visualiser les énergies des affirmations s'intégrer en vous. Vous pourrez par exemple visualiser des lettres dorées descendre de toutes les parts de l'univers et entrer en vous par votre chakra coronal situé au sommet de la tête.

Comment faire pour démarrer ? Choisissez le thème le plus proche de votre but et laissez-vous guider par l'énergie positive ! Prêt pour une mise à jour 2.0 ?

Alors, c'est à vous ! Tapotez maintenant !

Ce qu'ils en disent : « Gratitude infinie pour votre merveilleuse chaîne YouTube qui me permet de changer pour le mieux et m'aide à concrétiser mes rêves dans la vie. Mille Mercis Flore Power ! »
Laurie, abonnée YouTube

Vous pourrez renforcer une affirmation positive en la répétant 3 fois à voix haute, avec force et conviction, tout en tapotant l'arrière de la tête au niveau de l'occiput (la proéminence à l'arrière de la tête).

#01 Abondance financière illimitée

 **Ce qu'ils en disent :** « Merci pour tous ces mots que vous avez su associer avec sagesse et respect. Et merci pour cet accompagnement. »
Marie-Charlotte, abonnée YouTube

1ère ronde courte

Pk- *J'ai l'intention d'attirer l'abondance financière illimitée dans ma vie*

Pk- *Je choisis d'avoir toujours suffisamment d'argent et bien plus encore*

Pk- *Désormais l'argent vient à moi plus facilement et plus rapidement*

St- *J'accepte à présent l'arrivée de l'argent en masse dans ma vie*

Ds- *Maintenant et pour toujours l'argent vient à moi de toutes les directions*

Co- *Avec des pensées d'abondance illimitée, j'attire l'argent comme un aimant*

So- *J'ai toujours un surplus d'argent tous les jours, tout le temps*

Sn- *J'ai toujours de l'argent en quantité suffisante et bien plus encore*

Cm- *J'ai exactement le montant qu'il me faut au moment où il me le faut*

Cl- *J'utilise sagement mes richesses, consciemment et à bon escient*

Ss- *Je reçois toujours un surplus divin d'argent*
Sb- *Je prends plaisir à dépenser mon argent intelligemment et avec amour*

2ème ronde courte

Pk-- *Je choisis de me donner le droit à bien plus d'argent encore*
St- *C'est de plus en plus facile pour moi de gagner de l'argent*
Ds- *J'aime recevoir de l'argent de manière totalement inattendue*
Co- *Je visualise matin et soir l'argent qui entre dans ma vie*
So- *J'ai toujours de nouvelles idées pour faire toujours plus d'argent*
Sn- *A présent, c'est très facile pour moi d'amasser plus d'argent*
Cm- *Tout l'argent que je donne me revient au centuple*
Cl- *Désormais, je vibre argent, je vibre abondance financière illimitée*
Ss- *Je suis un aimant qui attire toute forme de richesse*
Sb- *Chaque jour, l'argent m'aide à générer toujours plus d'argent*

3ème ronde courte

Pk- *L'argent s'écoule librement et joyeusement jusqu'à moi*
St- *J'ai de la gratitude pour tout cet argent qui circule librement dans ma vie*
Ds- *A tous les coups, ce que je dépense me revient décuplé*
Co- *L'argent vient à moi aussi de façon surprenante*
So- *J'aime avoir de l'argent et je l'utilise logiquement*
Sn- *C'est de plus en plus facile pour moi de gagner plus*

d'argent

Cm- *Je remercie l'univers pour toute cette abondance financière illimitée*
Cl- *J'attire de plus en plus d'abondance financière dans ma vie*
Ss- *Je suis pleinement connecté(e) à la source d'abondance divine et illimitée*
Sb- *Je manifeste d'abondantes sommes d'argent plus facilement*

4ème ronde courte

Pk- *J'ai l'intention d'attirer l'argent comme un aimant au quotidien*
St- *J'aime recevoir de l'argent en avalanche d'abondance*
Ds- *Je suis toujours merveilleusement bien rétribué(e)*
Co- *Désormais, j'ai toujours plus d'argent que je n'en dépense*
So- *C'est facile pour moi, l'argent m'aide à générer toujours plus d'argent*
Sn- *Je me programme pour l'abondance financière illimitée et ça marche*
Cm- *Mon portefeuille déborde toujours d'argent et je trouve de l'argent constamment*
Cl- *Je me sens de plus en plus à l'aise avec l'abondance illimitée*
Ss- *En ce moment même l'argent est en train de venir jusqu'à moi*
Sb- *C'est bien plus facile que je m'imaginais de faire beaucoup plus d'argent*

Terminez par le sommet de la tête :

St- *J'ancre en moi aujourd'hui et pour toujours toutes ces nouvelles pensées au sujet de l'argent. Et je m'attends à des résultats positifs !*

Respirez profondément et buvez un peu d'eau.

Retrouvez ce défi en vidéo sur ma chaîne :

#02 Acceptation de soi

1ère ronde courte

Pk- *J'ai l'intention de m'accepter inconditionnellement*
Pk- *J'ai l'intention de m'approuver inconditionnellement*
Pk- *J'ai l'intention d'apprendre à m'aimer inconditionnellement*
St- *J'accepte mes forces et mes faiblesses*
Ds- *J'accepte mes talents et mes imperfections*
Co- *Je m'accepte avec mes qualités et mes points à améliorer*
So- *Je m'accepte dans ma globalité*
Sn- *Je m'accepte avec ma dualité et mes contradictions*
Cm- *Je m'accepte avec mon corps, mes différences et mes imperfections*
Cl- *Désormais, je suis confiant(e), je suis aimé(e)*
Ss- *Je me célèbre chaque jour*
Sb- *Je me permets d'être moi-même*

2ème ronde courte

Pk- *J'ai l'intention d'avoir confiance en moi inconditionnellement*
Pk- *J'ai l'intention de m'admirer inconditionnellement*
Pk- *J'ai l'intention de me pardonner inconditionnellement*
St- *Je suis un être unique et je m'accepte*
Ds- *J'accepte mon pouvoir de manifestation*
Co- *J'accepte de créer la vie de mes rêves*
So- *J'accepte totalement ma vie et je suis ouvert(e) aux leçons qu'elle me présente*
Sn- *J'accepte mes émotions, mes blessures et mes erreurs*

Cm- *J'accepte mes peurs, mes tristesses, mes culpabilités*
Cl- *Je m'accepte inconditionnellement*
Ss- *Je m'approuve inconditionnellement*
Sb- *Je m'aime inconditionnellement*

3ème ronde courte

Pk- *J'ai l'intention de m'accepter complètement*
Pk- *J'ai l'intention de m'aimer mieux chaque jour*
Pk- *J'ai l'intention de laisser rayonner ma lumière naturelle*
St- *Je me célèbre chaque jour*
Ds- *Je m'accepte dans ma globalité*
Co- *J'accepte mes forces et mes faiblesses*
So- *J'accepte mes talents et mes imperfections*
Sn- *Je suis confiant(e), je suis aimé(e)*
Cm- *Je suis parfait(e), comblé(e) et entier(e)*
Cl- *Je suis digne et je mérite ce qu'il y a de meilleur*
Ss- *J'accepte mes émotions, mes blessures et mes erreurs*
Sb- *J'accepte mes peurs, mes tristesses, mes culpabilités*

4ème ronde courte

Pk- *Désormais, je m'accepte dans ma globalité*
Pk- *Désormais, je m'aime de plus en plus*
Pk- *Désormais, il m'est plus facile de me pardonner*
St- *Je suis affectueux(se) et aimable*
Ds- *Je suis amour, je suis enfant de l'univers*
Co- *Je suis parfait(e), comblé(e) et entier(e)*
So- *Je me pardonne inconditionnellement*
Sn- *Désormais, Je me permets d'être moi-même*

Cm- *J'accepte totalement ma vie et je suis ouvert(e) aux leçons qu'elle me présente*
Cl- *Je suis un être unique et je m'accepte*
Ss- *Je suis digne et je mérite ce qu'il y a de meilleur*
Sb- *Je suis amour, je suis enfant de l'univers*

Terminez par le sommet de la tête :
St- *Je fais ce choix délibéré d'apprendre à m'aimer et à m'accepter tel(le) que je suis*

Respirez profondément et buvez un peu d'eau.

#03 Activez l'énergie de l'univers

1ère ronde courte

Pk- *Aujourd'hui, je reçois un merveilleux signe de l'univers*
Pk- *Aujourd'hui, je suis prêt(e) à recevoir une abondance positive*
Pk- *Aujourd'hui, je lâche mes attentes et je vis pleinement le moment présent*
St- *Aujourd'hui, je choisis de croire en moi et de m'attendre à des résultats positifs*
Ds- *Aujourd'hui, je pose mes intentions et je me focalise sur ce que je veux voir apparaître*
Co- *Aujourd'hui, je ralentis, je me détends et je prends ce temps pour moi*
So- *Aujourd'hui, je m'ouvre aux vibrations de joie et de l'amour*
Sn- *Aujourd'hui, je m'aligne avec les désirs de mon cœur*
Cm- *Aujourd'hui, je choisis d'ouvrir toutes les portes devant moi*
Cl- *Aujourd'hui, je choisis de croire en moi et je me fais confiance*
Ss- *Aujourd'hui, je m'ouvre à toutes les formes de succès et de réussite*
Sb- *Aujourd'hui, tout vient à moi facilement et rapidement*

2ème ronde courte

Pk- *Aujourd'hui, je suis guidé(e) par les signes et les synchronicités*
St- *Aujourd'hui, je me connecte à la source infinie d'abondance*
Ds- *Aujourd'hui, j'ai tous les dons et les talents pour accomplir de grandes choses*
Co- *Aujourd'hui, j'incarne mon plein potentiel*
So- *Aujourd'hui, j'active la magie dans ma vie en disant merci et je reçois tous ses bienfaits*
Sn- *Aujourd'hui, je choisis de m'aimer mieux*
Cm- *Aujourd'hui, je m'accepte comme je suis et je me pardonne*
Cl- *Aujourd'hui, je m'autorise à penser de façon illimitée*
Ss- *Aujourd'hui, j'attire la chance et les heureuses opportunités*
Sb- *Aujourd'hui, j'attire et je manifeste facilement toutes les formes de bonheurs*

3ème ronde courte

Pk- *Aujourd'hui, je libère et je lâche tout ce qui m'empêche d'avancer*
St- *Aujourd'hui, je me recentre sur l'essentiel, je reviens à moi*
Ds- *Aujourd'hui, je remercie la vie, j'apprécie chaque chose que je regarde avec amour*
Co- *Aujourd'hui, je suis sans attente, je me laisse porter par le courant de la vie*
So- *Aujourd'hui, je n'attends pas que l'orage passe, j'apprends à danser sous la pluie*
Sn- *Aujourd'hui, je choisis de faire de ce jour un moment de*

bonheur

Cm- *Aujourd'hui, j'ai la volonté pour prendre ma vie en main*
Cl- *Aujourd'hui, je change le monde autour de moi en me changeant moi-même*
Ss- *Aujourd'hui, je suis tout à fait capable de mener à bien mes projets*
Sb- *Aujourd'hui, je définis mes priorités, je reviens à ce qui est important pour moi*

4ème ronde courte

Pk- *Aujourd'hui, j'exploite la source de bonheur intérieur dès que j'en ai besoin*
St- *Aujourd'hui, je m'accepte pleinement, je sais que je suis digne des meilleures choses*
Ds- *Aujourd'hui, je m'appuie sur le moment présent et je me concentre sur les tâches à accomplir*
Co- *Aujourd'hui, je fais ce que j'ai à faire, je suis énergique et efficace*
So- *Aujourd'hui, je respecte mon équilibre, je trouve le bon tempo et la juste mesure pour moi*
Sn- *Aujourd'hui, j'incarne ma spiritualité, je mets en pratique ce que j'apprends au quotidien*
Cm- *Aujourd'hui, je me place dans la vibration du cœur*
Cl- *Aujourd'hui, je mets de l'amour dans tout ce que je fais*
Ss- *Aujourd'hui, je choisis d'ouvrir toutes les portes devant moi*
Sb- *Aujourd'hui, je suis un aimant à miracles et je m'attends à des résultats positifs*

Terminez par le sommet de la tête :

St- *Je demeure ouvert(e) et réceptif(ve) aux cadeaux que la vie m'offre dès maintenant*

Respirez profondément et buvez un peu d'eau.

#04 Décret « Je suis »

Un décret est l'affirmation d'un ordre positif fait avec confiance, foi et détermination. Décréter, c'est décider avec autorité. Les décrets nous donnent la possibilité de reprendre la pleine autorité sur notre vie. S'affirmer, c'est faire ses propres choix ou encore être capable d'affirmer ses besoins. Décréter, c'est reprendre son pouvoir intérieur. C'est faire le choix de décider consciemment pour soi. Les décrets nous permettent de développer l'affirmation de soi.

L'affirmation de soi permet de se faire entendre dans la vie en général, d'exprimer ses idées et ses sentiments tels qu'ils sont vraiment, mais surtout de prendre sa juste place dans la vie. Ce sont 10 décrets qui vous sont proposés dans les pages suivantes pour vous aider à activer vos capacités, vos aptitudes et ressources intérieures !

Ce qu'ils en disent : « Merci beaucoup pour tes vidéos. Tu n'imagines même pas à quel point cela me fait du bien de pratiquer l'EFT avec tes vidéos tous les jours et je sens que j'avance. Merci infiniment pour ton aide. »
Fatoum, abonnée YouTube

1ère ronde courte

Pk- *Je suis créateur(trice) d'un univers harmonieux*
Pk- *Je suis conscient(e) de mon ancrage à la Terre*
Pk- *Je suis conscient(e) du pouvoir créateur en moi*
St- *Je suis reconnaissant(e) pour ce nouveau jour*
Ds- *Je suis reconnaissant(e) pour toutes les bonnes choses dans ma vie*
Co- *Je suis la paix, je suis le calme, je suis la sérénité*
So- *Je suis l'amour, je suis la douceur, je suis la tendresse*
Sn- *Je suis un aimant à miracles*
Cm- *Je suis heureux(se), je suis épanoui(e), je suis libre*
Cl- *Je suis la joie, je suis les rires, je suis le bonheur*
Ss- *Je suis la force de vie divine, je suis la vie en toute chose*
Sb- *Je suis sur le bon chemin*

2ème ronde courte

St- *Je suis une personne extraordinaire*
Ds- *Je suis la chance, je suis la richesse, je suis la prospérité*
Co- *Je suis créateur(trice) d'un univers harmonieux*
So- *Je suis la force, je suis le courage, je suis la patience*
Sn- *Je suis bien et je suis de mieux en mieux*
Cm- *Je suis serein(e), libre et je grandis en conscience*
Cl- *Je suis prêt(e) à recevoir toute l'abondance de l'univers*
Ss- *Je suis LA meilleure version de moi-même*
Sb- *Je suis une personne privilégiée*

3ème ronde courte

St- *Je suis heureux(se) d'oser et d'avoir osé*
Ds- *Je suis autonome, je suis indépendant(e), je suis efficace*
Co- *Je suis l'amour inconditionnel*
So- *Je suis magnifique, je suis merveilleux(se), je suis moi*
Sn- *Je suis en santé, je suis en pleine forme, je suis dynamique*
Cm- *Je suis riche de toutes mes expériences, riche de tout ce que j'ai déjà*
Cl- *Je suis ce que je suis, je suis libre d'être moi*
Ss- *Je suis confiant(e), je suis déterminé(e), je suis courageux(se)*
Sb- *Je suis vivant(e), je suis puissant(e), je suis abondance infinie*

4ème ronde courte

St- *Je suis l'amour universel*
Ds- *Je suis heureux(se) de partager de bons moments avec les autres*
Co- *Je suis l'équilibre, je suis l'harmonie*
So- *Je suis satisfait(e), je suis toujours gagnant(e)*
Sn- *Je suis en paix avec moi-même et je suis en paix avec les autres*
Cm- *Je suis ce que j'ai choisi d'être, fort(e) devant la vie*
Cl- *Je suis guidé(e), je suis protégé(e), je suis soutenu(e)*
Ss- *Je suis sur le bon chemin, je suis serein(e), je suis positif(ve)*
Sb- *Je suis, Je suis UN avec l'univers, je suis UN avec la vie*

Terminez par le sommet de la tête :
St- *Je peux être tout ce que je décrète maintenant et ceci est acté !*

Respirez profondément et buvez un peu d'eau.

Retrouvez ce défi en vidéo sur ma chaîne :

#05 Décret « Je peux »

Ce qu'ils en disent : « Plein de choses se passent et ça bouge pour moi. Beaucoup de choses changent et le négatif ressort, je me libère et je suis pleine d'espoir ! Gratitude. » **Colette, membre du groupe Facebook** *Vivre bien*

1ère ronde courte

Pk- *Je peux faire de mes rêves ma réalité, je peux tout réussir*
Pk- *Je peux vivre une vie magique et extraordinaire*
Pk- *Je peux me libérer de tout ce qui m'empêche de vivre ma vie pleinement.*
St- *Je peux comprendre, je peux apprendre, je peux entreprendre*
Ds- *Je peux obtenir le meilleur pour moi et pour les miens*
Co- *Je peux aller de l'avant, je peux changer, je peux grandir*
So- *Je peux le faire, je peux tout faire, je peux être moi-même*
Sn- *Je peux être riche et prospère dans tous les domaines*
Cm- *Je peux trouver l'équilibre et l'harmonie*
Cl- *Je peux lâcher-prise et m'ouvrir au changement*
Ss- *Je peux m'ouvrir à la vie et profiter de chaque instant*
Sb- *Je peux être libre, je peux être fort(e), je peux être courageux(se)*

2ème ronde courte

St- *Je peux accueillir l'abondance infinie pour tous les domaines de ma vie*
Ds- *Je peux réaliser tous mes rêves et tous mes projets*
Co- *Je peux réussir tout ce que j'entreprends*
So- *Je peux accomplir tout ce que j'ai envie aujourd'hui*
Sn- *Je peux réaliser de grandes choses, tout ce en quoi je crois*
Cm- *Je peux avoir la santé parfaite, la forme et toute l'énergie qu'il me faut*
Cl- *Je peux guérir, je peux et j'ose demander le meilleur pour moi*
Ss- *Je peux aimer, je peux être aimé(e), je peux vivre l'amour*
Sb- *Je peux partager mon bonheur avec les autres*

3ème ronde courte

St- *Je peux attirer l'amour vrai dans ma vie*
Ds- *Je peux vivre et conserver cet amour avec confiance*
Co- *Je peux être enfin moi, je peux être la personne que je suis vraiment*
So- *Je peux faire, je peux créer, je peux innover*
Sn- *Je peux me pardonner, je peux pardonner aux autres*
Cm- *Je peux être en paix, je peux être libre, je peux être serein(e)*
Cl- *Je peux obtenir tout ce qu'il me faut au moment parfait pour moi*
Ss- *Je peux vivre en paix avec mon entourage et être heureux avec les autres*
Sb- *Je peux vivre dans l'abondance infinie et éternelle*

4ème ronde courte

St- *Je peux tout vivre, je peux tout avoir, je peux tout concilier*
Ds- *Je peux changer ma vie, Je peux obtenir le meilleur pour moi*
Co- *Je peux tout réussir, je peux tout gagner, je peux tout réaliser*
So- *Je peux vivre la vie plus sereinement, je peux être en paix*
Sn- *Je peux nettoyer toutes les mémoires et les conditionnements erronés en moi*
Cm- *Je peux rêver grand, je peux vivre mes rêves au quotidien*
Cl- *Je peux être une personne extraordinaire*
Ss- *Je peux devenir la meilleure version de moi-même*
Sb- *Je peux vivre dans la gratitude infinie*

Terminez par le sommet de la tête
St- *Je peux faire tout ce que je décrète maintenant et ceci est Acté.*

Respirez profondément et buvez un peu d'eau.

Retrouvez ce défi en vidéo sur ma chaîne :

#06 Décret « Je fais »

Ce qu'ils en disent : « Merci infiniment pour ces coups de pouce à notre mieux-être et ça fonctionne parfaitement ! J'en témoigne ! Namasté. » **Irina, abonnée YouTube**

1ère ronde courte

Pk- *Je fais de ma vie une aventure merveilleuse*
Pk- *Je fais facilement ce que j'ai à faire chaque jour*
Pk- *Je fais de ma vie un voyage extraordinaire*
St- *Je fais des rencontres merveilleuses*
Ds- *Je fais de ma vie un cadeau pour moi et pour les autres*
Co- *Je fais de ce jour un moment de bonheur, de joie et de rires*
So- *Je fais de ma vie une vie exaltante, excitante et surprenante*
Sn- *Je fais le calme en moi, je fais la paix en moi, je fais le silence en moi*
Cm- *Je fais de ma vie un monde haut en couleur*
Cl- *Je fais entrer la magie dans ma vie avec une gratitude infinie*
Ss- *Je fais chaque jour du bien à mon corps, à mon cœur et à mon âme*
Sb- *Je fais preuve de force, de courage et de détermination*

2ème ronde courte

St- *Je fais enfin tout ce que je veux, je fais tout ce qu'il me plaît*
Ds- *Je fais tout ce que j'aime plus librement*
Co- *Je fais de moi-même la meilleure version de mon être*
So- *Je fais un vœu chaque jour, ainsi je fais mon bonheur*
Sn- *Je fais de chaque jour un rêve merveilleux*
Cm- *Je fais avec les autres comme je voudrais qu'ils fassent avec moi*
Cl- *Je fais le souhait du bonheur pour tous et pour moi aussi*
Ss- *Je fais de cette journée un succès dans tous les domaines*
Sb- *Je fais le choix de vivre chaque instant dans la gratitude*

3ème ronde courte

St- *Je fais confiance à mon intuition créatrice qui me guide vers la richesse*
Ds- *Je fais tout ce que j'ai à faire libre, heureux(se) avec aisance et joie*
Co- *Je fais de chaque obstacle une occasion de grandir*
So- *Je fais chaque jour, plus je fais, plus je peux faire*
Sn- *Je fais régulièrement des pauses et je prends du temps pour moi*
Cm- *Je fais de mes idées de vraies nouvelles possibilités*
Cl- *Je fais tout pour vivre une vie heureuse et épanouie*
Ss- *Je fais de ma vie un bonheur infini, je fais mon bonheur*
Sb- *Je fais de ma vie une réussite complète et parfaite sur tous les plans*

4ème ronde courte

St- *Je fais de mes projets une réalité immédiate*
Ds- *Je fais tout ce que je peux faire pour évoluer vers mes buts*
Co- *Je fais chaque chose dans la joie et la gratitude de ce qui est*
So- *Je fais tout ce qu'il faut pour atteindre mes buts et mes objectifs*
Sn- *Je fais de mieux en mieux et toujours avec amour*
Cm- *Je fais le bonheur autour de moi, je fais ce qui est bon pour moi*
Cl- *Je fais le rêve, je fais la réalité, je fais de mes rêves une réalité*
Ss- *Je fais la lumière, je fais partie de l'univers*
Sb- *Je fais la joie, je fais les rires, je fais le bonheur*

Terminez par le sommet de la tête :
St- *Je fais tout ce que je décrète ici maintenant et ceci est acté*

Respirez profondément et buvez un peu d'eau.

Retrouvez ce défi en vidéo sur ma chaîne :

#07 Décret « Je choisis »

Ce qu'ils en disent : « Je commence le programme de 21 jours : Je Suis, Je Peux, Je Choisis, Je Fais. C'est génial. C'est extraordinaire de résultats. Merci infiniment. Je suis heureuse, que l'univers vous le rende. » **Suzanne, abonnée Youtube**

1ère ronde courte

Pk- *Je choisis de vivre une vie merveilleuse et extraordinaire*
Pk- *Je choisis de faire de ce jour un moment de bonheur*
Pk- *Je choisis de vivre chaque instant dans la gratitude infinie*
St- *Je choisis de vivre les meilleurs choses dans ma vie*
Ds- *Je choisis de vivre une vie harmonieuse et en parfait équilibre*
Co- *Je choisis l'amour inconditionnel*
So- *Je choisis d'être heureux(se) et de répandre l'amour sur mon chemin*
Sn- *Je choisis de lâcher-prise et d'être en paix avec moi-même*
Cm- *Je choisis l'amour vrai sous toutes ses formes*
Cl- *Je choisis d'être enfin moi-même*
Ss- *Je choisis de m'aimer et de m'accepter comme je suis*
Sb- *Je choisis de me libérer de tout ce qui m'empêche de vivre ma vie pleinement*

2ème ronde courte

St- *Je choisis de regarder ma vie sous un angle différent*
Ds- *Je choisis de pardonner et je pardonne à toute personne qui a croisé ma route*
Co- *Je choisis de prendre ma vie en main pour un changement positif et durable*
So- *Je choisis la bienveillance et la gentillesse au quotidien*
Sn- *Je choisis enfin de m'accorder le bonheur sur tous les plans*
Cm- *Je choisis le succès, je choisis la réussite, je choisis d'y croire*
Cl- *Je choisis d'attirer l'argent comme un aimant*
Ss- *Je choisis d'attirer l'abondance pour tous les domaines de ma vie*
Sb- *Je choisis de vivre une vie d'abondance, pour moi et pour les autres*

3ème ronde courte

St- *Je choisis le calme, je choisis la paix, je choisis la sérénité*
Ds- *Je choisis le courage, je choisis la force, je choisis la patience*
Co- *Je choisis le bonheur, je choisis la joie, je choisis d'être libre*
So- *Je choisis de m'ouvrir au monde et de m'ouvrir aux autres*
Sn- *Je choisis la chance, je choisis la richesse, je choisis la prospérité*
Cm- *Je choisis de mettre en action mes idées et mes projets*
Cl- *Je choisis de vibrer dans de bonnes énergies*
Ss- *Je choisis de révéler au monde ma vraie nature*
Sb- *Je choisis de croire en la vie, je choisis de croire en moi*

4ème ronde courte

St- *Je choisis d'accepter tout ce qui est bon pour moi*
Ds- *Je choisis la liberté, je choisis le positif, je choisis le plaisir*
Co- *Je choisis de passer avec aisance et joie de la théorie à la pratique*
So- *Je choisis de m'entourer de personnes inspirantes*
Sn- *Je choisis d'acquérir une grande sagesse en tirant leçon de mes expériences*
Cm- *Je choisis de faire de mon mieux chaque jour*
Cl- *Je choisis de changer, je choisis de grandir, je choisis de progresser*
Ss- *Je choisis de m'épanouir et de devenir une meilleure version de moi-même*
Sb- *Je choisis tout ce que je laisse entrer dans ma vie*

Terminez par le sommet de la tête :
St- *Je choisis tout ce que je décrète maintenant et ceci est acté*

Respirez profondément et buvez un peu d'eau.

Retrouvez ce défi en vidéo sur ma chaîne :

#08 Décret « J'attire »

Ce qu'ils en disent : « Encore une fois merci Flore. C'est un délice de faire tes EFT. D'ailleurs, je parle de toi ici, à toutes celles et ceux qui « se cherchent » un peu ou beaucoup. J'ai besoin de tes défis pour redescendre dans mon corps et c'est très efficace. Gratitude infinie.» **Marie-Laure, abonnée Youtube**

1ère ronde courte

Pk- *J'attire tout ce dont j'ai besoin ici et maintenant*
Pk- *J'attire la joie, j'attire le bonheur, j'attire la gratitude*
Pk- *J'attire tout le meilleur et je le vois en toute chose*
St- *J'attire des moments agréables de détente et de repos*
Ds- *J'attire une réussite parfaite dans tous les domaines*
Co- *J'attire la confiance, j'attire la force, j'attire la persévérance*
So- *J'attire toute l'énergie nécessaire pour me réaliser*
Sn- *J'attire la bienveillance et les encouragements*
Cm- *J'attire le meilleur pour moi chaque jour et dans tous les domaines*
Cl- *J'attire de nombreuses opportunités toutes très positives pour moi*
Ss- *J'attire un nouveau champ des possibles qui s'ouvre juste devant moi*

Sb- *J'attire la chance dans ma vie et tout tourne à mon avantage*

2ème ronde courte

St- *J'attire de merveilleuses et enrichissantes expériences*
Ds- *J'attire le courage, J'attire la bravoure, j'attire la force*
Co- *J'attire de nouvelles idées créatives et lucratives à la fois*
So- *J'attire le bonheur, J'attire la joie, J'attire les rires*
Sn- *J'attire la gentillesse dans ma vie en la cultivant en moi*
Cm- *J'attire une vie épanouissante faite d'émerveillement et de moments magiques*
Cl- *J'attire l'amitié sincère et des relations saines qui me guident vers le positif*
Ss- *J'attire le calme, J'attire la paix, J'attire la sérénité*
Sb- *J'attire avec la gratitude de merveilleux résultats dans tous les domaines*

3ème ronde courte

St- *J'attire à moi tout ce que je décide consciemment maintenant*
Ds- *J'attire une nouvelle programmation mentale plus positive*
Co- *J'attire la liberté d'être qui je suis vraiment et de tout réussir*
So- *J'attire à moi la liberté financière qui me revient de droit divin*
Sn- *J'attire l'argent et il circule librement dans ma vie*
Cm- *J'attire le bonheur pour moi et je le partage avec mon entourage*
Cl- *J'attire le/ la partenaire qui me convient le mieux pour le moment*

Ss- *J'attire l'amour vrai et je m'autorise à le vivre pleinement*
Sb- *J'attire l'amour inconditionnel sous toutes ses formes*

4ème ronde courte

St- *J'attire à moi tout ce qui me revient de droit divin, dans la justesse parfaite*
Ds- *J'attire l'aide, l'entraide et le soutien au quotidien*
Co- *J'attire des personnes qui me veulent du bien*
So- *J'attire toutes les idées qui me permettent de réussir*
Sn- *J'attire le succès, j'attire la réussite, j'attire la prospérité*
Cm- *J'attire de bonnes et de belles vibrations positives*
Cl- *J'attire une santé parfaite et toute l'énergie qu'il me faut*
Ss- *J'attire des surprises agréables et des surprises extraordinaires*
Sb- *J'attire maintenant la possibilité de vivre tout plus légèrement*

Terminez par le sommet de la tête
St- *J'attire tout ce que je décrète maintenant et ceci est acté*

Respirez profondément et buvez un peu d'eau.

Retrouvez ce défi en vidéo sur ma chaîne :

#69 Décret « J'accepte »

1ère ronde courte

Pk- *Aujourd'hui, j'accepte complètement la personne que je suis*
Pk- *J'accepte de m'aimer et d'être profondément aimé(e)*
Pk- *J'accepte de me pardonner pour tout ce qui a été*
St- *J'accepte mon passé avec amour et tout ce qu'il comporte*
Ds- *J'accepte tout ce qui ne peut être changé*
Co- *J'accepte mes faiblesses et ma vulnérabilité*
So- *J'accepte mes erreurs et les enseignements de la vie*
Sn- *J'accepte toutes les expériences qui me font grandir*
Cm- *J'accepte que je n'ai pas toute la maîtrise des événements*
Cl- *J'accepte de me pardonner et de pardonner aux autres*
Ss- *J'accepte de transformer en positif à partir du négatif*
Sb- *J'accepte qui je suis avec amour et compassion*

2ème ronde courte

Pk- *J'accepte de changer pour devenir qui je veux être*
St- *J'accepte que les choses se fassent au juste rythme*
Ds- *J'accepte avec joie tout ce que la vie m'apporte chaque jour*
Co- *J'accepte la manière dont se déroule ma vie*
So- *J'accepte d'aller de l'avant dans la grâce et l'aisance*
Sn- *J'accepte de me libérer de mes conditionnements erronés*
Cm- *J'accepte de relever les nouveaux défis de la vie*
Cl- *J'accepte d'être heureux(se) et de recevoir le meilleur*

Ss- *J'accepte toutes mes imperfections*
Sb- *J'accepte de vivre toutes mes émotions intensément*

3ème ronde courte

Pk- *J'accepte d'être aligné(e) avec mon être supérieur*
St- *J'accepte d'écrire cette nouvelle histoire*
Ds- *J'accepte de vivre pleinement la merveilleuse aventure de la vie*
Co- *J'accepte toutes les nouvelles opportunités*
So- *J'accepte de tout vivre avec plus de légèreté*
Sn- *J'accepte celui/celle que je suis à présent*
Cm- *J'accepte plus facilement les autres comme ils sont*
Cl- *J'accepte mon histoire, j'accepte d'être moi*
Ss- *J'accepte de recevoir un amour inconditionnel*
Sb- *J'accepte de donner un amour inconditionnel*

4ème ronde courte

Pk- *J'accepte de suivre tout ce qui guide mon coeur*
St- *J'accepte pleinement tous mes potentiels et mes capacités*
Ds- *J'accepte de vivre la vie avec gratitude*
Co- *J'accepte de vivre les meilleures choses dans ma vie*
So- *J'accepte de vivre l'amour vrai*
Sn- *J'accepte les relations authentiques*
Cm- *J'accepte l'idée de la santé parfaite*
Cl- *J'accepte de recevoir toutes les formes d'abondance*
Ss- *J'accepte la vie, j'en fais mon alliée et je m'attends aux résultats positifs*
Sb- *J'accepte de devenir la meilleure version de mon être*

Terminez par le sommet de la tête :

St- *J'accepte tout ce que je décrète maintenant et ceci est acté*

Respirez profondément et buvez un peu d'eau.

#10 Décret « Je crois »

1ère ronde courte

Pk- *Je crois qu'il est possible de changer durablement*
Pk- *Je crois vraiment que je suis capable de plus*
Pk- *Je crois en ma capacité à évoluer vers moi-même*
St- *Je crois que je suis capable d'abandonner mes souffrances*
Ds- *Je crois que je suis capable de guérir mes blessures*
Co- *Je crois que je peux jouir d'une santé parfaite*
So- *Je crois que je peux retrouver toute mon énergie*
Sn- *Je crois être capable de passer à l'action*
Cm- *Je crois en mes rêves et en mes buts*
Cl- *Je crois vraiment que tout est possible*
Ss- *Je crois pouvoir devenir une meilleure version de moi*
Sb- *Je crois en mes progrès en faisant un pas à la fois*

2ème ronde courte

Pk- *Je crois que je mérite tout ce qu'il y a de mieux*
St- *Je crois à une vie merveilleuse pour moi-même*
Ds- *Je crois aux dénouements heureux*
Co- *Je crois aux heureuses situations*
So- *Je crois que tout finit toujours par s'arranger*
Sn- *Je crois en la magie de la vie*
Cm- *Je crois aux heureuses coïncidences*
Cl- *Je crois aux signes et aux synchronicités*

Ss- *Je crois que tout est parfait*
Sb- *Je crois que tout est comme il doit être*

3ème ronde courte

Pk- *Je crois vraiment que tout est possible*
St- *Je crois en la vie et en son plan divin*
Ds- *Je crois à la réalisation de mes rêves*
Co- *Je crois à la concrétisation parfaite de tous mes projets*
So- *Je crois en ma motivation, en ma persévérance*
Sn- *Je crois que je peux changer les choses*
Cm- *Je crois au positif pour tous les domaines de ma vie*
Cl- *Je crois que la vie me rémunère généreusement*
Ss- *Je crois avoir droit à toute l'abondance de l'univers*
Sb- *Je crois avoir droit au bonheur sur tous les plans*

4ème ronde courte

Pk- *Je crois en moi pour aller vers le meilleur*
St- *Je crois que je peux faire les meilleurs choix*
Ds- *Je crois que tous mes vœux sont exaucés*
Co- *Je crois en la puissance de l'univers,*
So- *Je crois maintenant que la vie me réserve le meilleur*
Sn- *Je crois que la vie m'entoure d'un amour véritable*
Cm- *Je crois que tout est absolument parfait*
Cl- *Je crois au soutien de l'univers et je crois aux résultats positifs*
Ss- *Je crois être guidé(e) et soutenu(e) sur mon chemin*
Sb- *Je crois en la puissance de mon subconscient*

Terminez par le sommet de la tête :

St- *Je crois en tout ce que je décrète maintenant et ceci est acté*

Respirez profondément et buvez un peu d'eau.

#11 Décret « J'autorise »

1ère ronde courte

Pk- *J'autorise enfin l'arrivée de bonnes choses dans ma vie*
Pk- *J'autorise l'univers à m'apporter le meilleur dans tous les domaines*
Pk- *J'autorise l'univers à me livrer tout ce que je lui demande*
St- *J'autorise l'aide des guides et des anges au quotidien*
Ds- *J'autorise l'arrivée de manifestations positives*
Co- *J'autorise l'abondance infinie et le surplus divin*
So- *J'autorise les meilleures choses de la vie dans ma vie*
Sn- *J'autorise enfin la réussite dans tous les aspects de ma vie*
Cm- *J'autorise toutes les formes de guérison pour moi et autour de moi*
Cl- *J'autorise une plus grande confiance en moi*
Ss- *J'autorise la libération de mon passé*
Sb- *J'autorise la résolution divine de tout ce qui bloque en moi*

2ème ronde courte

Pk- *J'autorise l'abondance illimitée et la prospérité*
St- *J'autorise le bonheur et la douceur dans ma vie*
Ds- *J'autorise l'amour et la bienveillance*
Co- *J'autorise les relations vraies et sincères*
So- *J'autorise l'apaisement de tous les conflits*
Sn- *J'autorise ma réussite professionnelle*
Cm- *J'autorise un salaire extraordinaire*

Cl- *J'autorise la réussite parfaite de tous mes projets*
Ss- *J'autorise la concrétisation de toutes mes aspirations*
Sb- *J'autorise le succès de toutes mes envies*

3ème ronde courte

Pk- *J'autorise mon cœur à aimer pour de vrai*
St- *J'autorise l'univers à me donner ce qu'il y a de mieux pour moi*
Ds- *J'autorise la magie à se manifester dans ma vie*
Co- *J'autorise l'aide et le soutien de l'univers*
So- *J'autorise les miracles à se manifester*
Sn- *J'autorise les merveilles à arriver jusqu'à moi*
Cm- *J'autorise les nouvelles opportunités*
Cl- *J'autorise tout ce qu'il y a de mieux pour moi*
Ss- *J'autorise la réalisation de tous mes rêves*
Sb- *J'autorise enfin l'amour vrai dans ma vie*

4ème ronde courte

Pk- *J'autorise tout ce dont j'ai besoin à venir jusqu'à moi*
St- *J'autorise tout le bien à se poser sur moi*
Ds- *J'autorise tous les changements qui me sont nécessaires*
Co- *J'autorise toutes mes émotions*
So- *J'autorise mon corps à s'exprimer*
Sn- *J'autorise mon âme à me faire vibrer*
Cm- *J'autorise mon cœur à me guider à chaque instant*
Cl- *J'autorise mon être supérieur à me guider maintenant*
Ss- *J'autorise le pardon pour moi et pour les autres*
Sb- *J'autorise le meilleur uniquement à présent et je m'autorise à avoir des résultats positifs*

Terminez par le sommet de la tête :

St- *J'autorise maintenant tout ce que je décrète et ceci est acté*

Respirez profondément et buvez un peu d'eau.

#12 Décret « J'obtiens »

1ère ronde courte

Pk- *J'obtiens des résultats positifs dans tout ce que j'entreprends*
Pk- *J'obtiens facilement des résultats à mes demandes*
Pk- *J'obtiens tout ce qui me permet de concrétiser mes rêves*
St- *J'obtiens une santé parfaite dans toutes les dimensions de mon être*
Ds- *J'obtiens une énergie débordante au quotidien*
Co- *J'obtiens toute l'abondance positive qui me revient de droit*
So- *J'obtiens une réussite parfaite dans toutes mes entreprises*
Sn- *J'obtiens le succès de chacun de mes projets avec grâce et aisance*
Cm- *J'obtiens le travail qui me revient de droit divin*
Cl- *J'obtiens des rentrées d'argents inattendues*
Ss- *J'obtiens le logement idéal pour moi*
Sb- *J'obtiens tout ce dont j'ai besoin facilement*

2ème ronde courte

Pk- *J'obtiens un calme intérieur durable*
St- *J'obtiens la paix et la sérénité*
Ds- *J'obtiens la joie et le bonheur*
Co- *J'obtiens l'amour sous toutes ses formes*
So- *J'obtiens du succès dans tout ce que j'entreprends*

Sn- *J'obtiens une réussite parfaite à tous les coups*
Cm- *J'obtiens toujours que tout tourne à mon avantage*
Cl- *J'obtiens toujours un surplus divin d'abondance*
Ss- *J'obtiens une vie parfaitement équilibrée*
Sb- *J'obtiens tout ce dont j'ai besoin au moment parfait*

3ème ronde courte

Pk- *J'obtiens de la magie dans mon quotidien*
St- *J'obtiens des miracles tout autour de moi*
Ds- *J'obtiens l'aide et le soutien de l'univers*
Co- *J'obtiens ce qu'il y a de mieux pour moi*
So- *J'obtiens la réalisation de mes rêves*
Sn- *J'obtiens la concrétisation parfaite de tous mes projets*
Cm- *J'obtiens les meilleures opportunités*
Cl- *J'obtiens toujours d'excellents résultats*
Ss- *J'obtiens toujours d'agréables surprises*
Sb- *J'obtiens un nouvel équilibre prospère*

4ème ronde courte

Pk- *J'obtiens une santé parfaite*
St- *J'obtiens la guérison sur tous les plans de mon être*
Ds- *J'obtiens le bien-être au quotidien*
Co- *J'obtiens une grande forme et toute l'énergie qu'il me faut*
So- *J'obtiens de nouvelles idées*
Sn- *J'obtiens une plus grande créativité*
Cm- *J'obtiens l'inspiration divine au quotidien*
Cl- *J'obtiens plus de spontanéité et de simplicité*
Ss- *J'obtiens plus de facilité à vivre la vie dont je rêve*
Sb- *J'obtiens tout ce à quoi j'aspire facilement*

Terminez par le sommet de la tête :

St- *J'obtiens facilement tout ce que je décrète et ceci est acté*

Respirez profondément et buvez un peu d'eau.

#13 Décret « J'aime »

1ère ronde courte

Pk- *J'aime la vie et la vie m'aime*
Pk- *J'aime les autres et je suis aimé(e) en retour*
Pk- *J'aime me sentir progresser à chaque instant*
St- *J'aime être libre d'être moi*
Ds- *J'aime me sentir bien dans mon corps et dans ma tête*
Co- *J'aime le fonctionnement parfait de mon corps*
So- *J'aime chaque nouveau jour et toutes les possibilités qu'il m'offre*
Sn- *J'aime ma vie telle qu'elle est*
Cm- *J'aime me sentir bien ici et maintenant*
Cl- *J'aime l'harmonie et l'équilibre dans ma vie*
Ss- *J'aime le meilleur et c'est ainsi que je l'obtiens*
Sb- *J'aime la personne que je deviens*

2ème ronde courte

Pk- *J'aime que tout arrive au moment parfait*
St- *J'aime les bonnes nouvelles que je reçois*
Ds- *J'aime les cadeaux que la vie m'offre au quotidien*
Co- *J'aime toutes les opportunités qui s'offrent à moi*
So- *J'aime les signes et les synchronicités que je reçois*
Sn- *J'aime recevoir un surplus divin*
Cm- *J'aime l'idée de concrétiser mes rêves*
Cl- *J'aime savoir que mes projets se réalisent en ce moment*

Ss- *J'aime réussir dans tous les domaines*
Sb- *J'aime avancer facilement et avec légèreté*

3ème ronde courte

Pk- *J'aime la nature et la force qu'elle me procure*
St- *J'aime la magie de l'univers*
Ds- *J'aime l'énergie de l'amour et elle me revient décuplée*
Co- *J'aime le bonheur, j'aime la joie*
So- *J'aime l'abondance, j'aime la prospérité*
Sn- *J'aime la réussite, j'aime le succès,*
Cm- *J'aime mon travail, j'aime l'argent qu'il m'apporte*
Cl- *J'aime vivre la vie à ma façon*
Ss- *J'aime les relations vraies et bienveillantes*
Sb- *J'aime me sentir à ma juste place*

4ème ronde courte

Pk- *J'aime être connecté(e) à mon être supérieur*
St- *J'aime mon unité avec toute chose*
Ds- *J'aime les autres tels qu'ils sont*
Co- *J'aime toutes mes émotions et je les libère dans la douceur*
So- *J'aime toutes les dimensions de mon être*
Sn- *J'aime les enseignements de la vie*
Cm- *J'aime évoluer vers cette meilleure version de moi*
Cl- *J'aime me sentir libre d'être qui je suis*
Ss- *J'aime être en harmonie avec la vie*
Sb- *J'aime me sentir en paix*

Terminez par le sommet de la tête :

St- *J'aime et je crée tout ce que je décrète et ceci est acté*

Respirez profondément et buvez un peu d'eau.

#14 Amour de soi

1ère ronde longue

Pk- *J'ai l'intention d'apprendre à m'accepter complètement*
Pk- *J'ai l'intention d'apprendre à m'aimer profondément*
Pk- *J'ai l'intention d'apprendre à me pardonner de manquer d'amour pour moi*
St- *J'ai l'intention d'apprendre à m'aimer mieux*
Ds- *J'ai l'intention de libérer et de relâcher tout ce qui m'empêche de m'aimer*
Co- *Je choisis de ressentir plus de tendresse pour moi-même*
So- *Je choisis de m'apporter plus de douceur au quotidien*
Sn- *Je choisis de prendre soin de moi d'abord*
Cm- *Je choisis d'établir mes propres limites et de les respecter*
Cl- *Je choisis d'apprendre à dire non*
Ss- *Je choisis de me respecter, de respecter mon corps*
Sb- *Je choisis de transformer l'image que j'ai de moi*
Po- *Je fais le choix d'être moins dur(e) avec moi-même et de m'encourager plus souvent*
In- *Je fais le choix de m'encourager de manière bienveillante plus souvent*
Ma- *J'ai l'intention de libérer ce qui m'empêche de devenir la meilleure version de moi-même*
Au- *Ce n'est pas ma personnalité que j'aime, mais le divin en moi*

2ème ronde longue

Pk- *J'ai l'intention de m'accepter complètement*
Pk- *J'ai l'intention de m'aimer profondément*
Pk- *J'ai l'intention de me pardonner de manquer d'amour pour moi*
St- *J'ai l'intention d'apprendre à m'aimer mieux*
Ds- *Je me souviens qu'il y a des choses dont je peux être fier(e)*
Co- *Je choisis de m'accepter tel(le) que je suis*
So- *Je ne suis pas parfait(e) et c'est très bien comme ça*
Sn- *J'ai décidé de travailler sur moi pour apprendre à m'aimer comme je suis*
Cm- *Et je fais un pas chaque jour*
Cl- *J'ai décidé de m'encourager*
Ss- *J'ai décidé de me placer au premier plan de ma vie*
Sb- *J'ai décidé de faire de moi ma plus haute priorité*
Po- *Je me fais confiance et je sais que ma sagesse intérieure me guide à chaque instant*
In- *Je me remplis de pensées positives nourrissantes*
Ma- *Je libère et je lâche tout ce qui m'empêche de m'aimer*
Au- *Et je m'engage à aller de l'avant*

3ème ronde longue

Pk- *J'ai l'intention de m'accepter complètement*
Pk- *J'ai l'intention de m'aimer profondément*
Pk- *J'ai l'intention de me pardonner de manquer d'amour pour moi*
St- *J'ai l'intention d'apprendre à m'aimer mieux, je fais le choix de m'aimer mieux*

Ds- *Je fais le choix d'apprendre à prendre soin de moi au quotidien*
Co- *Je fais le choix de me respecter vraiment et de respecter mon corps*
So- *Plus je m'aime et plus je m'offre ce qu'il y a de meilleur*
Sn- *Plus je m'aime et plus je me crée des conditions favorables*
Cm- *Plus je m'aime et plus ma vie et harmonieuse*
Cl- *J'ai décidé de modifier le regard que je porte sur moi*
Ss- *J'ai décidé de m'encourager au quotidien*
Sb- *J'ai décidé de me donner le droit aux bonnes choses*
Po- *Je m'autorise à être enfin pleinement aimé(e)*
In- *Plus je m'aime et plus j'accepte facilement l'amour des autres*
Ma- *Je suis la meilleure chose qui me soit arrivée*
Au- *Je deviens mon meilleur allié*

Terminez par le sommet de la tête :
St- *Aujourd'hui, je peux enfin me dire « Je t'aime (votre prénom) »*

Respirez profondément et buvez un peu d'eau.

#15 Amour : attirer le partenaire idéal

Ce qu'ils en disent : « Je vous remercie pour cette vidéo. Je suppose que c'est elle qui m'a aidé à m'imaginer avec quelqu'un d'autre et plus du tout avec mon ex. Pour moi c'est un grand pas. »
Hildebrunn, abonné YouTube

1ère ronde longue

Pk- *Avant d'aimer les autres, je choisis d'abord de m'aimer et de m'accepter comme je suis.*

Pk- *Je suis à présent bien décidé(e) à m'aimer et à m'accepter*

Pk- *J'ai la ferme intention d'attirer le/la partenaire idéale pour moi*

St- *Chaque jour, je gagne en confiance, en estime de moi et en assurance*

Ds- *Je choisis de me concentrer positivement sur le/la partenaire idéal(e) pour moi*

Co- *J'établis clairement la liste de ce que j'attends, chez l'autre, je sais que c'est possible*

So- *J'ouvre mon cœur et mon esprit à la vibration de l'amour*

Sn- *Tout le monde mérite l'amour sur Terre, même-moi*

Cm- *Je suis maintenant prêt(e) à m'aimer et à être aimé(e) en retour*

Cl- *Je suis prêt(e) à vivre dans ma vie l'amour stable, sincère et durable*

Ss- *A partir de maintenant, je décide de me donner moi-même* *tout l'amour que je mérite*

Sb- *L'amour que je donne aux autres me revient décuplé*

Po- *J'attire une personne heureuse de partager ma vie*

In- *Je suis un aimant à miracles, j'attire le/la partenaire qui me revient de droit*

Ma- *J'ai le pouvoir d'attirer le meilleur à moi*

Au- *J'attire à moi la personne qui me convient le mieux pour le moment, qui correspond à mes attentes*

2ème ronde longue

Pk- *Maintenant j'attire la chance en amour dans ma vie, et pour toujours*

Pk- *Matin et soir, je visualise la relation parfaite qui est en train de venir à moi*

St- *Je ressens d'abord dans mon cœur tout l'amour que je veux voir venir à moi*

Ds- *Je suis prêt(e) à m'épanouir dans une relation sérieuse et constructive*

Co- *J'ouvre mon cœur à tout l'amour qu'il y a autour de moi*

So- *En choisissant de m'aimer d'abord, je fais naître l'amour autour de moi*

Sn- *J'attire à moi une personne célibataire, aimante et attentionnée*

Cm- *Je choisis de donner de plus en plus d'amour autour de moi chaque jour*

Cl- *Toutes mes relations sont fluides et remplies d'amour*

Ss- *Je rencontre la personne idéale qui est, comme moi, prête à vivre l'amour vrai*

Sb- *Je dis Oui à toutes les opportunités et aux occasions. C'est ainsi que je provoque la chance dans ma vie*

Po- *Mon cœur est ouvert et je m'exprime avec douceur et bienveillance*
In- *J'envisage la vie à deux sereinement et positivement*
Ma- *Je choisis de voir le meilleur en chacun à présent*
Au- *Désormais, j'ose sortir de ma zone de confort*

Terminez par le point karaté :
Pk- *Je me connecte à la vibration de l'amour et j'aligne mon cœur et mes pensées, pour être dans ma vérité*
Pk- *Je comprends que je suis parfaitement libre d'aimer et d'être aimé(e) pour ce que je suis*
Pk- *J'apprends à agir avec les autres comme je voudrais qu'ils agissent avec moi*

Respirez profondément et buvez un peu d'eau.

Retrouvez ce défi en vidéo sur ma chaîne :

#16 Argent et abondance

Ce qu'ils en disent : « Mille mercis, c'est magnifique. Ces affirmations me font vibrer ! »
Murielle, abonnée YouTube

1ère ronde longue

Pk- *L'argent est une énergie propre et renouvelable*
Pk- *Cette énergie de l'argent circule tout autour de la Terre, de jour comme de nuit*
Pk- *Mon droit à l'abondance est un droit divin de naissance pour toutes les âmes incarnées*
St- *Je m'autorise à la recevoir dans ma vie*
Ds- *Je choisis aujourd'hui d'ouvrir mon cœur et mon esprit à l'abondance de l'univers*
Co- *Vivre dans l'abondance, c'est avoir toujours ce dont j'ai besoin, au moment où j'en ai besoin.*
So- *Vivre dans l'abondance, c'est payer ce que j'ai à payer et toujours avoir un surplus divin*
Sn- *L'abondance, c'est avoir chaque jour de nouvelles idées pour faire de l'argent*
Cm- *Vivre dans l'abondance, c'est avoir plus d'argent que je n'en dépense*
Cl- *Vivre dans l'abondance, c'est faire confiance à l'univers, c'est faire confiance à la vie*

Ss- *Je comprends maintenant que tout le monde mérite l'abondance infinie dans sa vie, même-moi*
Sb- *Je mérite l'abondance infinie dans ma vie*
Po- *Je choisis de me connecter à l'énergie de l'argent, ici et maintenant*
In- *Je choisis de vivre l'abondance dans tous les domaines de ma vie*
Ma- *Je choisis d'accueillir les meilleures choses de la vie dans ma vie*
Au- *Je suis un canal ouvert à toute forme d'abondance, je donne et je reçois avec gratitude*

2ème ronde longue

Pk- *Je suis prêt(e) à sauter le pas dans l'abondance divine*
Pk- *Ma vie est glorieuse de prospérité*
Pk- *A chaque instant, une infinité de billets s'impriment pour moi*
St- *J'ai le droit de vivre les meilleurs choses de la vie, dans ma vie*
Ds- *Je suis créateur(rice) de mon propre succès*
Co- *J'aime l'argent, je paie avec plaisir et ainsi il circule librement dans ma vie*
So- *Je crée de l'abondance avec joie et amour*
Sn- *J'ai entre mes mains les clés de ma réussite*
Cm- *Pour être riche, je dois me sentir riche, je me concentre déjà alors sur tout ce que j'ai déjà*
Cl- *Chaque jour, je remercie pour toutes les choses que j'ai en plus dans ma vie*
Ss- *J'apprends à épargner de plus en plus d'argent*
Sb- *C'est facile pour moi de faire de l'argent*

Po- *Tout l'argent que je dépense me rend heureux(se)*
In- *De jour comme de nuit, tous mes intérêts prospèrent*
Ma- *Je demande à l'univers ce que je désire recevoir dans ma vie*
Au- *J'ai du succès parce que mes buts et mes objectifs sont clairement définis*

3ème ronde longue

Pk- *Je comprends maintenant que la richesse est un état d'esprit*
Pk- *L'univers prend soin de moi à chaque instant*
Pk- *L'argent vient à moi facilement et il circule librement dans ma vie*
St- *J'ai l'intention d'être un parfait canal d'abondance divine*
Ds- *Maintenant, je reçois souvent des chèques, des remboursements et des paiements inattendus*
Co- *Je me sens de plus en plus riche et de plus en plus prospère*
So- *L'argent est une énergie qui attend ma commande pour arriver en masse dans ma vie*
Sn- *Si j'accepte l'abondance, elle vient à moi maintenant*
Cm- *Je mérite la prospérité dans ma vie dès aujourd'hui*
Cl- *J'apprécie mon temps et mon énergie*
Ss- *J'attire toutes les choses que je désire dans ma vie*
Sb- *J'obtiens un emploi plus satisfaisant pour moi*
Po- *J'ai suffisamment de temps, d'énergie et d'argent pour réaliser tous mes désirs*
In- *Je crée et je vis ma vie idéale maintenant*
Ma- *A chaque seconde qui passe, je suis plus riche en toute chose*

Au- *Je crée la richesse et l'abondance d'abord en moi*

Terminez par le point karaté :

Pk- *Aujourd'hui, je suis prêt(e) à accepter toute forme d'abondance dans ma vie*

Pk- *J'accepte de vivre les meilleures choses dans ma vie*

Pk- *Et je m'ouvre à ce que la vie a de mieux à m'offrir*

Respirez profondément et buvez un peu d'eau.

Retrouvez ce défi en vidéo sur ma chaîne :

#17 Arrêter de fumer

Ce qu'ils en disent : « J'en suis à huit jours et j'ai déjà diminué ma consommation de moitié, et cela sans effort. Merci ! »
Isabelle, abonnée YouTube

Ce processus vous prépare pour l'arrêt du tabac, il est nécessaire de programmer en premier lieu le subconscient qu'il est possible de mener une vie sans. Toute dépendance est la conséquence d'une anxiété plus ou moins consciente, qui a pris racine le plus souvent dans l'enfance. Pour se libérer et obtenir des résultats dans la durée, il est essentiel de venir traiter l'anxiété à la racine, en traitant directement les événements difficiles vécus initialement. L'accompagnement d'un thérapeute qualifié pourra vous être d'une aide précieuse pour cheminer vers votre guérison.

1ère ronde longue

Pk- *Dès aujourd'hui, je choisis de vivre une vie plus saine et j'accepte ma dépendance comme un manque en moi que je cherche à combler*
Pk- *Même si je fume pour combler quelque chose en moi, je m'aime et je m'accepte complètement*
Pk- *Même si j'ai cette dépendance au tabac, je choisis de m'aimer et de m'accepter*

St- *Je décide de me pardonner d'avoir cette addiction au tabac*

Ds- *Je vais me libérer peu à peu de l'envie de fumer*
Co- *Je choisis de mieux respirer*
So- *Dès maintenant, je fais de l'exercice pour faire vivre mon corps et laisser l'énergie circuler pleinement*
Sn- *Je me libère de l'esclavage de la cigarette, aujourd'hui, je suis libéré et c'est fait*
Cm- *Sans fumée, mon corps retrouve sa santé et ma vie s'améliore de plus en plus*
Cl- *Chaque jour, je diminue facilement ma consommation de cigarettes*
Ss- *J'aime l'idée d'être libéré(e) de l'envie de fumer rapidement*
Sb- *Je respire pleinement et profondément, je respire de mieux en mieux*
Po- *J'ai la maîtrise parfaite de mon corps et de mon esprit*
In- *J'apprécie de respirer un air pur, frais et sain*
Ma- *J'aime ma nouvelle vie sans nicotine, sans tabac, sans goudron*
Au- *Ma santé s'améliore et mon corps est de plus en plus sain*

2ème ronde longue

Pk- *J'ai l'intention de me libérer de toutes mes chaînes*
Pk- *En arrêtant de fumer, j'améliore aussi ma santé financière*
Pk- *J'ai la maîtrise parfaite de mon envie de fumer*
St- *Je me contrôle facilement*
Ds- *Ma force surpasse n'importe quel manque qui est en moi*
Co- *Ma force surpasse n'importe quelle dépendance*
So- *J'aime me savoir libéré(e) définitivement de la cigarette*

Sn- *Je déteste de plus en plus le goût de la nicotine et du tabac*
Cm- *Sans fumée, mon corps est en meilleure forme et je me sens de mieux en mieux dans mon corps*
Cl- *Ma volonté et ma détermination dépassent largement mes mauvaises habitudes*
Ss- *Je sais que toutes mes envies de fumer sont rapidement dissipées*
Sb- *Je me libère calmement et avec assurance de l'envie de fumer*
Po- *Chaque cigarette que je repousse me rapproche un peu plus de mon objectif*
In- *Chaque jour, je me vois respirer de mieux en mieux*
Ma- *Je peux facilement me passer de chaque cigarette*
Au- *A partir de maintenant, j'entretiens seulement des habitudes qui augmentent mon bien-être*

3ème ronde courte

Pk- *Jour après jour, je gagne en contrôle sur mes anciennes habitudes*
St- *J'arrête de fumer facilement et je me sens bien ! Je me sens libre*
Ds- *Ma vie se transforme de jour en jour ! Je retrouve de nouveaux goûts*
Co- *C'est merveilleux d'être totalement libéré(e) de ce besoin de fumer*
So- *Je sais que je suis en train de guérir complètement*
Sn- *C'est plus facile que je ne le pensais pour moi de retrouver ma liberté*
Cm- *Je suis très motivé(e) à l'idée d'atteindre mon objectif*
Cl- *Mon subconscient me guide vers la liberté*

Ss- *J'ai enfin libéré le manque en moi*
Sb- *Je sais maintenant que je peux vivre sans*

Terminez par le point karaté :
Pk- *J'ai l'intention de demeurer libre pour toujours*

Respirez profondément et buvez un peu d'eau.

Retrouvez ce défi en vidéo sur ma chaîne :

#18 Bien-être général, santé et forme

Ce qu'ils en disent : « J'adore cette vidéo ! Pas trop longue et efficace ! Merci ! »
Christine, abonnée YouTube

1ère ronde longue

Pk- *L'univers dans lequel je me trouve est complet et parfait*
Pk- *J'ai maintenant le pouvoir de contrôler ma santé*
Pk- *Je peux tout maîtriser si ma pratique est quotidienne*
St- *Il existe en moi une source d'amour merveilleuse*
Ds- *Je permets maintenant à cet amour de se manifester*
Co- *Chaque jour, je suis calme et détendu(e)*
So- *Ici, je dépose mes craintes et j'avance avec conviction*
Sn- *Ici, je me libère de tous mes doutes et toutes mes peurs*
Cm- *Ici, je suis en paix et je suis maître(sse) de mes émotions*
Cl- *Je vois de plus en plus loin et j'avance avec conviction*
Ss- *L'amour que j'ai en moi guérit tous les maux, je m'autorise à m'aimer*
Sb- *J'aime mon corps et je l'accepte complètement comme il est*
Po- *Avec amour je me crée une santé parfaite*
In- *Aujourd'hui mon bien-être est ma plus haute priorité*
Ma- *Chaque jour je me sens de mieux en mieux*

Au- *Je fournis à mon corps ce dont il a besoin pour être en bonne santé*

2ème ronde longue

Pk- *J'ai l'intention d'améliorer ma santé sous toutes ses formes*
St- *Je suis heureux(se) et je déborde d'énergie*
Ds- *L'univers prend soin de moi et je prends soin de moi*
Co- *Je suis toujours en sécurité, en tout lieu, en tout temps*
So- *Mon corps et mon esprit sont en parfaite santé*
Sn- *J'ai de la gratitude pour le fonctionnement parfait de toutes les parties de mon corps*
Cm- *Mon corps est mon ami et j'en prends soin*
Cl- *Mes nuits sont calmes et mon sommeil est réparateur*
Ss- *À mon réveil, je suis dans une forme extraordinaire*
Sb- *Je comprends que je suis capable de créer et contrôler mon poids idéal*
Po- *Je guéris en ce moment*
In- *Je suis énergique et efficace*
Ma- *Tout est bien dans le monde qui est le mien*
Au- *Je suis parfait(e) tel que je suis et je l'accepte totalement*

3ème ronde longue

Pk- *Mon corps devient parfait en ce moment*
St- *Ma vitalité se renforce de jour en jour*
Ds- *Tout est complet et abondant dans le monde qui est le mien*
Co- *J'ai l'intention d'être en parfaite santé sur tous les plans de mon être*
So- *Je m'ouvre à toute forme de guérison*
Sn- *Je crois profondément en l'idée de la santé parfaite*

Cm- *À chaque instant les cellules de mon corps se régénèrent et se renouvellent*
Cl- *Matin et soir, je me visualise dans une santé parfaite*
Ss- *J'aime me sentir bien dans mon corps et dans ma tête*
Sb- *J'aime sentir la vie dans chacune de mes cellules*
Po- *L'ordre divin circule à travers tout mon être*
In- *J'ai une énergie et une vitalité débordante et rayonnante*
Ma- *Je me sens bien et de mieux en mieux*
Au- *C'est merveilleux d'être en parfaite santé sur tous les plans de son être !*

Terminez par le sommet de la tête :
St- *Je me sens immédiatement mieux dans mon corps et dans ma tête*

Respirez profondément et buvez un peu d'eau.

Retrouvez ce défi en vidéo sur ma chaîne :

#19 Plus de bonheur au quotidien

1ère ronde longue

Pk- *J'ai l'intention de laisser entrer plus de bonheur dans ma vie*
Pk- *J'ai l'intention d'augmenter mes vibrations de bien-être et de joie au quotidien*
Pk- *J'ai l'intention de m'autoriser à me sentir bien et de mieux en mieux*
St- *Même si tout n'est pas parfait, j'ai le droit de me sentir heureux(se)*
Ds- *Même si parfois je n'obtiens pas ce que je veux, j'ai quand même le droit de ressentir de la joie*
Co- *Peu importe ce que je vis, j'ai toujours le droit à des moments joyeux et heureux*
So- *Je me concentre sur l'instant présent*
Sn- *Je me concentre sur la beauté de la vie*
Cm- *Je me concentre sur les petites choses agréables qui parsèment mon quotidien*
Cl- *J'apprends à reconnaître ce que j'ai déjà et qui m'apporte de la joie*
Ss- *J'apprends à apprécier tout ce dont je dispose*
Sb- *Je réalise que je dispose toujours de l'essentiel*
Po- *Et j'apprends à remercier l'univers pour tout ce qu'il m'apporte constamment*
In- *Je sais qu'il place sur mon chemin les personnes et les*

situations qui me permettent de grandir intérieurement
Ma- *Par des pensées, des paroles, des actions justes et claires, je crée mon bonheur*
Au- *Mon bonheur est un état d'esprit et je retrouve la joie en mon cœur*

2ème ronde longue

Pk- *J'ai l'intention de laisser entrer plus de bonheur dans ma vie*
Pk- *J'ai l'intention d'augmenter mes vibrations de bien-être et de joie au quotidien*
Pk- *J'ai l'intention de m'autoriser à me sentir bien et de mieux en mieux*
St- *Je reprends un élan positif et mon pouvoir personnel*
Ds- *J'accepte tout ce qui est et je m'ouvre à ce qui vient*
Co- *Je me laisse guider par des actions plus spontanées*
So- *Je redécouvre en toute chose et en toute personne la beauté*
Sn- *Je vois au-delà des imperfections et j'accueille la vie telle qu'elle se présente*
Cm- *Je m'ouvre maintenant à toutes les possibilités de me transformer*
Cl- *En vibrant la joie, j'attire tout ce dont j'ai besoin*
Ss- *Je concentre mes pensées sur le positif, sur le bon autour de moi*
Sb- *Je m'ouvre en conscience à la simplicité et à la beauté de la vie*
Po- *Je ralentis mon rythme et je prends du temps pour moi*
In- *Je suis à l'écoute de mes besoins et je respecte mes limites*
Ma- *Je me tourne vers l'essentiel, c'est-à-dire moi-même*
Au- *J'ai toutes les ressources nécessaires en moi pour créer*

une vie remplie de joie et d'harmonie

3ème ronde longue

Pk- *J'ai l'intention de laisser entrer plus de bonheur dans ma vie*
Pk- *J'ai l'intention d'augmenter mes vibrations de bien-être et de joie au quotidien*
Pk- *J'ai l'intention de m'autoriser à me sentir bien et de mieux en mieux*
St- *Chaque jour, je fais de mon mieux pour conserver une attitude positive*
Ds- *J'accueille ce qui est et je lâche totalement prise*
Co- *Je deviens une source de joie et d'énergie lumineuse*
So- *Quoi qu'il arrive, je reste en accord avec moi-même*
Sn- *Et je sème des graines de joie et de bonheur au quotidien*
Cm- *Je maintiens ma pensée positive au quotidien*
Cl- *Je franchis les étapes avec succès et enthousiasme*
Ss- *Je me sens de plus en plus libre et de plus en plus fort(e)*
Sb- *J'apprécie de mieux en mieux tout ce que j'ai déjà*
Po- *Je retrouve la souplesse et la fluidité dans tout ce que je vis*
In- *Je m'ouvre à la nouveauté et aux idées nouvelles*
Ma- *Je prends mon pouvoir personnel pour créer une vie où je me sens heureux(se)*
Au- *Heureux(se) parce que je l'ai décidé et c'est ainsi !*

Terminez par le sommet de la tête :
St- *Je m'autorise à ressentir plus de bonheur dès maintenant*

Respirez profondément et buvez un peu d'eau.

#20 Booster de confiance en soi

Ce qu'ils en disent : « Merci pour cette super « thérapie » qui fait tant de bien ! Merci, merci, merci. » **Ayumi, abonnée YouTube**

1ère ronde longue

Pk- *Même si, je manque souvent de confiance en moi, je m'aime et je m'accepte complètement.*
Pk- *Même si je me juge, me critique, me condamne en me comparant aux autres, je sais que je m'aime et je m'accepte.*
Pk- *Même si j'ai manqué de confiance en moi jusqu'ici, je m'aime, je m'accepte et je me pardonne*
St- *Je choisis le meilleur pour tous les domaines de ma vie*
Ds- *Aujourd'hui je choisis de modifier ma façon de penser*
Co- *Aujourd'hui je choisis de m'encourager de manière positive*
So- *Je suis tout à fait capable de réussir, oui, je peux le faire !*
Sn- *Je travaille chaque jour pour faire grandir cette confiance en moi*
Cm- *Je cesse de me juger et de me sous-estimer*
Cl- *Tout est absolument comme il doit-être*
Ss- *Tous mes choix se révèlent bons pour moi*
Sb- *Je peux réaliser de grandes choses, si je le décide*
Po- *Je reconnais ce qui est vraiment bon pour moi*
In- *Plus je gagne en confiance et plus je deviens libre*
Ma- *Je suis libre de devenir la parfaite expression de mon être*

Au- *J'avance avec confiance vers mes objectifs*

2ème ronde longue

Pk- *J'avance avec conviction vers mes objectifs*
Pk- *Je me programme chaque jour avec ces idées nouvelles au sujet de moi- même*
Pk- *Désormais, je suis libre d'être moi-même, je gagne en confiance chaque jour*
St- *J'apprends à me mettre au premier plan dans ma vie*
Ds- *Je fais des choix qui sont positifs et ils me guident vers le positif*
Co- *Je prends conscience maintenant que je mérite le meilleur*
So- *Je vois au-delà des difficultés et au-delà des imperfections*
Sn- *L'univers infini dans lequel je me trouve est complet et parfait*
Cm- *La vie ne me sourit que si je lui souris d'abord*
Cl- *Je souris à la vie, je mets de la joie dans tout ce que je fais*
Ss- *Plus j'avance sur ce chemin, plus ma confiance s'accroît*
Sb- *Je lâche prise et je m'en remets à l'univers*
Po- *J'ai entre mes mains les clés de ma réussite*
In- *J'envisage l'avenir avec une confiance absolue*
Ma- *Je regarde le passé avec amour et je tire les leçons qu'il comporte*
Au- *Je dois comprendre que je suis la personne la plus importante de ma vie*

3ème ronde longue

Pk- *C'est ma vie et je peux créer tout ce que je veux*
St- *Je laisse aller le passé avec confiance ici et maintenant*
Ds- *Tout se crée d'abord dans mon cœur et dans mon esprit*
Co- *Je prends conscience que j'ai de nombreux dons, talents et capacités en moi*
So- *L'univers infini dans lequel je me trouve est complet et abondant*
Sn- *Je m'ouvre à ce que la vie m'offre de meilleur*
Cm- *Chaque jour je développe encore plus cette confiance en moi et je me sens bien*
Cl- *J'ai l'intention d'avoir de plus en plus confiance en ce que je fais*
Ss- *Je développe chaque jour de nouvelles capacités*
Sb- *Je crois en mes projets et leur concrétisation*
Po- *Je me sais capable de bien plus que je ne l'imagine*
In- *Ma vie s'améliore et se transforme de jour en jour*
Ma- *Je prends ma vie en main et la vie me le rend bien*
Au- *J'ai l'intention de me sentir à l'aise et en confiance en toutes circonstances*

Terminez par le sommet de la tête :
St- *Je me souviens à chaque instant que je suis capable de plus à tous les coups*

Respirez profondément et buvez un peu d'eau.

Retrouvez ce défi en vidéo sur ma chaîne :

#21 Changement positif

 **Ce qu'ils en disent :** « Merci Flore pour cette vidéo super motivante » **Fabienne, abonnée YouTube et membre du groupe Facebook** *Vivre bien*

1ère ronde longue

Pk- *Aujourd'hui je m'engage avec moi-même dans un processus de changement positif*
St- *Je me libère maintenant de mes schémas mentaux négatifs*
Ds- *Je m'engage aujourd'hui à modifier mes pensées pour des pensées plus positives*
Co- *Ce ne sont que des pensées et des pensées peuvent-être changées*
So- *Grâce à des pensées plus positives, je me crée une réalité plus positive*
Sn- *Je laisse aller tout ce qui n'a plus lieu d'être dans ma vie*
Cm- *Ici je me libère de toute ma culpabilité*
Cl- *J'abandonne ici tous mes blocages*
Ss- *J'apprends à faire de ce jour un moment de bonheur*
Sb- *Je choisis d'être en harmonie avec la vie. Je choisis la liberté !*
Po- *Chaque jour, je fais un pas en avant sur cette nouvelle voie*
In- *Aujourd'hui, je m'engage à m'aimer et à m'accepter*
Ma- *Aujourd'hui, je m'engage à prendre soin de moi*
Au- *Je suis très motivé(e) pour changer ma vision des choses*

2ème ronde longue

Pk- *Dans le moment présent, je peux toujours choisir mes pensées*
St- *Je choisis de changer les mots que j'utilise pour des mots plus positifs*
Ds- *Je mérite le meilleur dans la vie et je l'accepte maintenant*
Co- *Je choisis de me concentrer sur tout le positif qu'il y a autour de moi*
So- *Je me libère de ma structure mentale pour une nouvelle, plus positive*
Sn- *Chaque jour, j'entretiens un dialogue plus positif avec moi-même*
Cm- *Je suis prêt(e) à pardonner aux autres et je suis prêt(e) à me pardonner*
Cl- *Je me concentre pleinement sur ce que je veux*
Ss- *Chaque jour je m'encourage sur cette nouvelle voie*
Sb- *Mon esprit est un outil merveilleux que je peux utiliser pour créer du positif*
Po- *Il est plus facile pour moi maintenant d'effectuer des changements*
In- *Je suis très motivé(e) à faire un pas chaque jour pour m'améliorer*
Ma- *Chaque pensée positive est une graine de semée*
Au- *J'avance avec confiance et détermination vers ce changement de vie durable*

Terminez par le sommet de la tête :
St- *Je suis maintenant créateur(rice) d'une réalité de vie plus positive*

Respirez profondément et buvez un peu d'eau.

Retrouvez ce défi en vidéo sur ma chaîne :

#22 Confiance en soi

Ce qu'ils en disent : « Merci encore pour tes vidéos. J'ai encore du mal à tenir les 21 jours sans rater une journée, mais avec les tiennes c'est plus facile. La seule difficulté c'est de se limiter à quelques programmes et de ne pas les faire tous ! »
Alexandra, abonnée YouTube

1ère ronde longue

Pk- *Désormais, j'accepte mon unité avec toute chose*
Pk- *Je prends conscience aujourd'hui de mon pouvoir créateur*
Pk- *Le monde extérieur est le reflet de mon monde intérieur*
St- *Aujourd'hui, je choisis de faire confiance à la vie*
Ds- *La paix que je cherche se trouve en moi*
Co- *Dès aujourd'hui, je m'autorise à rêver et à penser de manière illimitée*
So- *Ici et maintenant, je me libère de tous mes doutes et de toutes mes peurs*
Sn- *Je peux faire tout ce que je veux et je me sens bien*
Cm- *Je suis calme et détendu(e), je suis maître(sse) de mon esprit*
en toutes circonstances
Cl- *Je vis l'instant présent ici et maintenant*
Ss- *Mon corps est mon ami et j'en prends soin*
Sb- *Je me libère du besoin de me juger et de me sous-estimer ici et maintenant*

Po- *Chaque jour, je fais ce que j'ai à faire sans me poser de question*
In- *Je me félicite pour les petites et les grandes choses que je réalise*
Ma- *Jour après jour, j'avance sur mon chemin et la confiance que j'ai en moi grandit*
Au- *Je m'ouvre aux autres*

2ème ronde longue

Pk- *Désormais, je m'exprime librement et facilement*
Pk- *Dès aujourd'hui, je me donne la permission de briller*
Pk- *Je suis en pleine possession de mes moyens, je vois loin, je vois grand*
St- *J'accepte tout ce qui ne peut être changé, ainsi je grandis et je me libère immédiatement*
Ds- *Je suis libre d'être moi-même et j'avance avec conviction*
Co- *Je fais confiance à mon intuition créatrice*
So- *En pardonnant aux autres, je me pardonne à moi-même*
Sn- *Je suis à présent toujours en contrôle de moi-même et Je suis maître(sse) de mes émotions*
Cm- *J'apprécie la beauté tout autour de moi*
Cl- *Je choisis de vivre les meilleures choses de la vie dans ma vie*
Ss- *J'ouvre mon esprit à toutes les opportunités que la vie m'offre dès à présent*
Sb- *Je lâche prise et je m'en remets à l'univers*
Po- *Tout ce que je cherche à l'extérieur, je l'ai déjà à l'intérieur*
Ma- *Je choisis de reconnaître mes qualités*
In- *Je choisis de m'aimer et de m'accepter complètement*
Au- *Je suis énergique et efficace ; chaque jour, je trouve le*

moyen de faire plus et de faire mieux

3ème ronde longue

Pk- *Je suis parfait(e) tel(le) que je suis*
Pk- *Je dépose tout ce qui m'empêche d'avancer sur mon chemin*
Pk- *Je suis en paix avec moi-même, je suis en paix avec ma création, je suis en paix avec les autres*
St- *Je prends conscience que j'ai de nombreux dons, talents et capacités en moi,*
Ds- *L'univers infini dans lequel je me trouve est complet et abondant*
Co- *Je m'ouvre à ce que la vie m'offre de meilleur*
So- *Chaque jour, je développe encore plus cette confiance en moi et je me sens bien*
Sn- *Je me sens confiant(e) et serein(e)*
Cm-*Je me sens à l'aise en toute circonstance*
Cl- *J'ai de plus en plus d'assurance*
Ss- *J'ai l'intention de décupler mes possibilités*
Sb- *J'ai l'intention de me sentir parfaitement bien dans mon corps et dans ma tête*
Po- *J'ai l'intention d'avoir de plus en plus d'assurance*
In- *Jour après jour, ma foi se renforce*
Ma- *J'accrois mes capacités et mes possibilités*
Au- *Plus je fais et plus je peux faire*

Terminez par le sommet de la tête :
St- *Je sais, je sens et je suis capable de tout ce que je décide maintenant*

Respirez profondément et buvez un peu d'eau.

Retrouvez ce défi en vidéo sur ma chaîne :

#23 Améliorer la relation de couple

Ce qu'ils en disent : « Mille mercis pour cette capsule qui va certainement rendre ma vie de couple plus harmonieuse ! »
Fabienne, abonnée YouTube

Vous pouvez remplacer "partenaire" par le prénom de la personne qui partage votre vie, pour un processus sur mesure !

1ère ronde longue

Pk- *Dès aujourd'hui, je décide de vivre une relation de couple durable et harmonieuse*
Pk- *Je m'engage à vivre une relation épanouissante*
Pk- *J'apprends à communiquer mes besoins et mes émotions à mon/ma partenaire*
St- *Je ressens chaque jour plus d'amour et de bienveillance à son égard*
Ds- *J'abandonne tout besoin de changer l'autre, je l'accepte exactement comme il/elle est*
Co- *J'ai de la compassion pour l'autre et je me mets facilement à sa place*
So- *Mon amour pour mon/ma partenaire grandit chaque jour*
Sn- *Je cesse de vouloir contrôler la personne que j'aime*
Cm- *La fidélité est une valeur importante pour notre couple*
Cl- *J'élimine toutes mes croyances limitantes au sujet de l'amour*

Ss- *Je sais voir le meilleur dans toutes les situations*
Sb- *Je vis avec un/une partenaire merveilleux(se) qui sait me combler*
Po- *Je laisse l'autre être libre, d'être qui il est*
In- *J'élimine tout jugement de mon dialogue intérieur*
Ma- *J'agis avec mon/ma partenaire comme j'aimerais qu'il/elle le fasse avec moi*
Au- *Je choisis d'avoir confiance en moi et j'ai confiance en l'autre*

2ème ronde longue

Pk- *J'abandonne ici et maintenant toutes mes attentes de perfection*
St- *Je trouve facilement du temps à consacrer à mon/ma partenaire et lui /elle aussi*
Ds- *En amour aussi, j'apprécie les moments simples de la vie*
Co- *J'accepte et j'apprécie nos différences en toutes circonstances*
So- *Je donne d'abord, tout l'amour que je veux recevoir*
Sn- *Je comprends que l'autre m'aime à la hauteur de cet amour que je me porte*
Cm- *Chaque jour, cette relation est très enrichissante pour tous les deux*
Cl- *Mon/ma partenaire est unique et je respecte cela*
Ss- *Je me sens prêt(e) à évoluer et à construire ensemble*
Sb- *Chaque jour, je suis attentionné(e) envers cette personne que j'aime*
Po- *Ma relation de couple est saine, positive et heureuse*
In- *Nous partageons toutes les choses de la vie*
Ma- *Nous vivons une sexualité épanouie et harmonieuse*

Au- *Chaque jour, je fais un petit geste pour montrer mon amour*

3ème ronde longue

Pk- *Chaque jour, je suis reconnaissant(e) pour cette relation d'amour que je vis*
St- *La communication est de plus en plus facile entre mon/ma partenaire et moi- même*
Ds- *Nous progressons ensemble dans la vie*
Co- *Nous dépassons les étapes ensemble, main dans la main*
So- *Mes pensées à l'égard de mon/ma partenaire sont remplies d'amour et de bienveillance*
Sn- *Je respecte mes besoins et ceux de mon/ma partenaire*
Cm- *Chaque jour, notre couple gagne en complicité et en communication*
Cl- *Je me sens merveilleusement bien dans ma vie de couple*
Ss- *Notre relation est basée sur le respect et la bienveillance*
Sb- *Je prends soin de l'autre avec beaucoup d'amour et d'attention*
Po- *Je vis la relation amoureuse qui me revient de droit divin*
In- *Nous devenons plus grands et dépassons les difficultés quand il y en a*
Ma- *Tout est exactement comme ça doit-être*
Au- *Notre relation est placée sous la protection de l'ordre divin*

Terminez par le sommet de la tête :
St- *Je suis enfin libre de donner à l'autre un amour inconditionnel*

Respirez profondément et buvez un peu d'eau.

Retrouvez ce défi en vidéo sur ma chaîne :

#24 Se connecter à son potentiel créatif

1ère ronde courte

Pk- *J'ai l'intention d'accroître ma créativité*
Pk- *J'ai l'intention de me connecter à mon être divin et de libérer tout mon potentiel créatif*
Pk- *J'ai l'intention d'avoir une très grande inspiration au quotidien*
St- *J'ai l'intention de créer en accord avec mon être supérieur*
Ds- *J'ai chaque jour de nouvelles idées très créatives*
Co- *Et je parviens à les concrétiser dans la matière*
So- *Il me suffit de distinguer les idées de mes pensées*
Sn- *Et de visualiser le résultat que je souhaite voir apparaître*
Cm- *Mon inspiration et mes idées sont de plus en plus fluides*
Cl- *Et je choisis de m'entourer de personnes inspirantes*
Ss- *Je prends exemple sur ceux qui réussissent*
Sb- *Et je libère et je lâche tout ce qui m'empêche de créer*

2ème ronde courte

Pk- *J'ai l'intention de concrétiser mes projets plus facilement*
St- *Je suis très enjoué(e) à l'idée de libérer toute ma créativité*
Ds- *Je libère et je lâche tous mes doutes*
Co- *Et je retrouve confiance en mes idées*
So- *Je reçois des signes qui me guident dans chaque création*

Sn- *Les anges et les guides m'aident dans le développement de mes idées*
Cm- *J'incarne mon plein potentiel à chaque instant*
Cl- *Je suis créateur(rice) d'abondance infinie*
Ss- *C'est de plus en plus facile pour moi de concrétiser mes idées dans la matière*
Sb- *Je passe à l'action plus spontanément et plus simplement*

3ème ronde courte

Pk- *Chaque jour, je réalise de grandes et de petites choses*
St- *Je suis pleinement connecté(e) à mes ressources intérieures*
Ds- *C'est de plus en plus facile d'avoir de l'inspiration au quotidien*
Co- *Mes idées sont toujours des idées lumineuses*
So- *Je m'autorise à rayonner de toute ma lumière*
Sn- *Je m'autorise à exprimer toute ma créativité*
Cm- *Je m'autorise à exprimer toutes mes idées pour les concrétiser*
Cl- *Je manifeste de plus en plus facilement les bonnes idées au bon moment*
Ss- *A présent, je suis très motivé(e) pour agir et créer chaque jour*
Sb- *C'est naturel pour moi d'avoir du succès avec mes idées*

4ème ronde courte

Pk- *Je me libère de toutes mes résistances pour grandir encore plus*

St- *Je suis prêt(e) à recevoir toutes les bonnes idées que l'univers m'envoie*
Ds- *Je suis à l'écoute de ma créativité*
Co- *Je suis totalement inspiré(e) et guidé(e) au quotidien*
So- *Je suis créateur(rice) de ma réussite*
Sn- *Je suis à chaque instant de plus en plus créatif(ve)*
Cm- *Je choisis d'être positif(ve) et confiant(e)*
Cl- *J'ai les talents nécessaires pour accomplir de grandes choses*
Ss- *Désormais, j'aligne mes idées, mes pensées et mes plans d'action*
Sb- *Et je les concrétise en passant à l'action dès que j'en ai l'occasion*

Terminez par le sommet de la tête :
St- *Je me sens libre d'exprimer qui je suis vraiment et je me sens immédiatement soutenu(e) dans tout ce que je fais*

Respirez profondément et buvez un peu d'eau.

#25 Demander à l'univers

Ce qu'ils en disent : « Je viens de découvrir cette merveilleuse vidéo! Merci. Elle me fait énormément de bien, m'apaise et me reconnecte à l'univers. Au début, j'en pleurais, c'est dire à quel point elle me libère. J'en suis tombée tout simplement amoureuse. Que l'univers vous rende tout le bien que vous nous transmettez. » **Marie, abonnée YouTube**

1ère ronde courte

Pk- *Univers infini, aujourd'hui je suis connecté(e) à l'énergie de la source*
Pk- *Univers infini, aujourd'hui je suis connecté(e) à mon être supérieur*
Pk- *Univers infini, aujourd'hui je vis une journée calme et sereine*
St- *Univers infini, aujourd'hui j'ai des surprises agréables et extraordinaires*
Ds- *Univers infini, aujourd'hui je suis attentif(ve) à mon mécanisme de pensée*
Co- *Univers infini, aujourd'hui je suis attentif(ve) à ma façon de m'exprimer*
So- *Univers infini, aujourd'hui je suis calme et détendu(e)*
Sn- *Univers infini, aujourd'hui, j'ai une très grande confiance en moi*

Cm- *Univers infini, aujourd'hui je reçois toutes les énergies dont j'ai besoin*
Cl- *Univers infini, aujourd'hui je reçois toutes les connaissances qui me sont nécessaires*
Ss- *Univers infini, aujourd'hui je vis des relations harmonieuses avec tous les êtres qui m'entourent*
Sb- *Univers infini, aujourd'hui j'attire toutes les formes d'abondance dans ma vie*

2ème ronde courte

Pk- *Univers infini, aujourd'hui je reçois tout ce dont j'ai besoin au moment parfait*
St- *Univers infini, aujourd'hui je suis guidé(e) par les signes et les synchronicités*
Ds- *Univers infini, aujourd'hui je remplis mon cœur d'une gratitude infinie*
Co- *Univers infini, aujourd'hui je suis en parfaite santé sur tous les plans de mon être*
So- *Univers infini, aujourd'hui je vis pleinement le moment présent*
Sn- *Univers infini, aujourd'hui j'apprécie la beauté tout autour de moi*
Cm- *Univers infini, aujourd'hui j'autorise l'arrivée de bonnes choses dans ma vie*
Cl- *Univers infini, aujourd'hui je crée ma vie idéale avec aisance et joie*
Ss- *Univers infini, aujourd'hui j'attire la chance dans ma vie*
Sb- *Univers infini, aujourd'hui tout tourne toujours à mon avantage*

3ème ronde courte

Pk- *Univers infini, aujourd'hui je m'ouvre à tout ce qui se révèle bon pour moi*
St- *Univers infini, aujourd'hui je m'ouvre aux changements positifs*
Ds- *Univers infini, aujourd'hui je reçois toute l'inspiration et les idées dont j'ai besoin*
Co- *Univers infini, aujourd'hui je réussis tout ce que j'entreprends*
So- *Univers infini, aujourd'hui je suis en paix avec mon passé et avec les autres*
Sn- *Univers infini, aujourd'hui j'ouvre mon cœur à toute forme de vie*
Cm- *Univers infini, aujourd'hui j'affirme mon droit au meilleur et dans tous les domaines*
Cl- *Univers infini, aujourd'hui je me sens bien et de mieux en mieux*
Ss- *Univers infini, aujourd'hui j'attire des conditions favorables à un salaire extraordinaire*
Sb- *Univers infini, aujourd'hui j'apprécie la beauté tout autour de moi*

4ème ronde courte

Pk- *Univers infini, aujourd'hui je m'aime et je m'accepte comme je suis*
St- *Univers infini, aujourd'hui je suis guidé(e) vers les personnes qui m'aident à réussir*

Ds- *Univers infini, aujourd'hui je vis dans l'abondance et la prospérité divine*
Co- *Univers infini, aujourd'hui, cette journée se déroule d'une manière fluide et agréable*
So- *Univers infini, aujourd'hui je donne et je reçois beaucoup d'énergie et d'amour*
Sn- *Univers infini, aujourd'hui j'ai une énergie et une vitalité débordante*
Cm- *Univers infini, aujourd'hui je partage avec tous les êtres qui m'entourent*
Cl- *Univers infini, aujourd'hui je me sens bien et je suis heureux(se)*
Ss- *Univers infini, je reçois un cadeau aujourd'hui*
Sb- *Univers infini, aujourd'hui j'attire les miracles dans ma vie*

Passage sur le point karaté

Pk- *Univers infini, aujourd'hui tout se déroule pour moi de la meilleure des façons*
Pk- *Univers infini, aujourd'hui je suis en forme et j'ai une grande vitalité*
Pk- *Univers infini, aujourd'hui je m'ouvre à tout ce qui me revient de droit divin*

Terminez par le sommet de la tête :
St- *Univers infini, aujourd'hui tout est bien dans le monde qui est le mien*

Respirez profondément et buvez un peu d'eau.

Retrouvez ce défi en vidéo sur ma chaîne :

#26 S'éveiller à la vie

Prendre conscience de son pouvoir intérieur

Ce qu'ils en disent : « Merci infiniment pour ces affirmations qui regroupent plein de choses : gratitude, joie, positivité, confiance en soi et en l'univers. Tout est parfait pour commencer une journée formidable ! »
Marie-Hélène, abonnée YouTube et membre du groupe Facebook *Vivre bien*

1ère ronde courte

Pk- *J'ai l'intention d'élargir ma vision des choses et je prends conscience de mon pouvoir intérieur*
Pk- *J'ai l'intention de modifier mon attitude dans toutes les situations de ma vie*
Pk- *J'ai l'intention de m'améliorer et d'améliorer tous les aspects de ma vie*
St- *Aujourd'hui je suis prêt(e) à modifier le regard que je porte sur la vie*
Ds- *Une pensée positive chaque matin transforme ma vie durablement*
Co- *Aujourd'hui je crée et je transforme en positif à partir du négatif*
So- *Je prends conscience que mon pouvoir réside uniquement dans l'instant présent*

Sn- *Désormais je regarde mon passé avec amour et je tire les leçons qu'il comporte*
Cm- *Je m'ouvre à l'idée que chaque situation comporte la solution la plus satisfaisante pour moi*
Cl- *Le monde extérieur est une représentation physique de ce que je vis en moi*
Ss- *Chaque expérience me permet de devenir une meilleure version de moi-même*
Sb- *J'ai conscience à présent que l'énergie va où je porte mon attention*

2ème ronde courte

Pk- *J'ai l'intention d'élargir ma vision des choses et je prends conscience de mon pouvoir intérieur*
Pk- *J'ai l'intention de modifier mon attitude dans toutes les situations de ma vie*
Pk- *J'ai l'intention de m'améliorer et d'améliorer tous les aspects de ma vie*
St- *Chaque jour, je fais un pas en direction des objectifs que je me suis fixés*
Ds- *Chaque matin, je prends l'habitude de remercier pour le cadeau de la vie*
Co- *Le monde est exactement ce que je pense qu'il est, alors, je m'attends au meilleur*
So- *Je libère et je lâche toutes mes croyances et mes pensées limitantes*
Sn- *Aujourd'hui je comprends que tout arrive jusqu'à moi pour une bonne raison*
Cm- *J'apprends à me centrer dans l'instant présent, ici et maintenant*

Cl- *Désormais les miracles de la vie sont toujours prêts à se manifester pour moi*
Ss- *De jour comme de nuit, l'abondance infinie circule librement dans ma vie*
Sb- *J'ai toujours ce dont j'ai besoin, au moment où j'en ai besoin, c'est merveilleux*

3ème ronde courte

Pk- *J'ai l'intention d'élargir ma vision des choses et je prends conscience de mon pouvoir intérieur*
Pk- *J'ai l'intention de modifier mon attitude dans toutes les situations de ma vie*
Pk- *J'ai l'intention de m'améliorer et d'améliorer tous les aspects de ma vie*
St- *Chaque jour, je prends du temps pour me détendre et pour aimer ce qui est*
Ds- *Mon pouvoir vient de l'intérieur, je peux modifier toutes mes pensées*
Co- *J'apprends à ralentir mon rythme et à faire silence en moi*
So- *J'apprends à écouter les messages de mon corps, à me respecter et à prendre soin de moi*
Sn- *J'apprends à m'aimer et à me pardonner pour tout ce qui a été*
Cm- *Désormais il est plus facile pour moi de m'accepter complètement*
Cl- *Je m'ouvre à la chance pour tous les domaines de ma vie*
Ss- *Je m'ouvre aux vibrations positives de joie et de gratitude*
Sb- *Je m'ouvre au bonheur ! Je m'ouvre à l'abondance*

4ème ronde courte

Pk- *J'ai l'intention d'élargir ma vision des choses et je prends conscience de mon pouvoir intérieur*
Pk- *J'ai l'intention de modifier mon attitude dans toutes les situations de ma vie*
Pk- *J'ai l'intention de m'améliorer et d'améliorer tous les aspects de ma vie*
St- *Je m'ouvre à la possibilité de lâcher tout ce qui m'empêche de progresser*
Ds- *Je m'ouvre à toutes les opportunités positives que la vie m'offre*
Co- *J'apprends à vivre en harmonie avec la vie, dans la simplicité, et tout est parfait*
So- *Chaque jour, ce sont tous les aspects de mon être qui guérissent*
Sn- *Désormais, je prends l'habitude de faire de mon mieux, peu importe les circonstances*
Cm- *Je comprends que nous sommes des miroirs les uns pour les autres*
Cl- *Je prends conscience que je fais un avec l'univers*
Ss- *L'univers m'aide et me soutient à chaque étape de ma vie*
Sb- *Je me concentre sur mes désirs réalisés et tout se déroule toujours pour moi de la meilleure des façons*

Terminez par le sommet de la tête :
St- *Je m'ouvre aux émotions positives et je m'autorise à les ressentir intensément*

Respirez profondément et buvez un peu d'eau.

Retrouvez ce défi en vidéo sur ma chaîne :

#27 Cultiver la gratitude

Ce qu'ils en disent : « Merci pour ce beau travail. Je regarde cette vidéo depuis quelques jours et j'ai pour objectif de la regarder longtemps tellement elle est juste inspirante. Merci à vous pour ce que vous générez de bon et de beau. Tous mes vœux de bonheur et de prospérité vous accompagnent. »
Véronique, abonnée YouTube

1ère ronde longue

Pk- *Merci la vie, merci l'univers ! Merci !*
Pk- *Je suis reconnaissant(e) pour l'être que je suis*
Pk- *Merci pour tout ce qu'il y a dans ma vie et qui me fait me sentir bien*
St- *Merci pour tout ce que la vie m'offre chaque jour*
Ds- *Merci pour le cadeau de la vie*
Co- *Merci pour tout l'amour qu'il y a dans ma vie et pour tout l'amour qu'il y a autour de moi*
So- *Merci pour tous les bienfaits que la vie m'apporte chaque jour*
Sn- *Merci car je suis en parfaite santé*
Cm- *Merci parce que je me sens bien et de mieux en mieux*
Cl- *Merci pour le fonctionnement parfait de toutes les parties de mon corps*
Ss- *Merci pour tous les moments de rire et les moments de joie qu'il y a dans ma vie*

Sb- *Merci pour les nombreuses possibilités que la vie m'offre chaque jour*
Po- *Merci pour ce toit sur ma tête, pour cette maison merveilleuse dans laquelle je vis*
In- *Merci car je mange chaque jour à ma faim et que je bois à ma soif*
Ma- *Merci pour tout ce que j'ai déjà dans ma vie*
Au- *Merci car je suis bien plus riche que ce que je pense*

2ème ronde longue

Pk- *Je remercie l'univers car mon attitude est positive et je sais voir le bon en toute chose*
Pk- *Merci, car j'apprends à tirer du positif de toutes mes expériences*
Pk- *Merci, car en étant positif(ve), j'attire le positif dans ma vie*
St- *Merci pour ma créativité, j'éprouve de plus en plus de gratitude pour les petites choses de ma vie*
Ds- *Merci, car j'apprécie la beauté tout autour de moi en me concentrant sur des petites choses*
Co- *Merci pour mes talents et pour mes qualités*
So- *Merci pour l'abondance qui circule déjà dans ma vie*
Sn- *Merci, car je suis un aimant à argent*
Cm- *Merci pour les moments de paix et de sérénité*
Cl- *Merci, car chaque jour est une nouvelle opportunité de créer ma réussite*
Ss- *Merci pour mon travail et pour toute l'abondance*
Sb- *Merci pour le soutien et l'aide de l'univers à chaque étape de ma vie*
Po- *Merci, j'accueille tout ce que la vie a à m'offrir avec une gratitude infinie*

In- *Merci, pour tout ce qui s'est déjà réalisé pour moi*
Ma- *Merci pour tout ce qui est en train de se réaliser pour moi par la grâce et de la meilleure des façons*
Au- *Merci, car chaque jour je réalise mes rêves selon l'ordre divin prévu pour moi par l'univers*

Terminez par le sommet de la tête :
St- *Merci, merci, merci !*
Respirez profondément et buvez un peu d'eau.

Retrouvez ce défi en vidéo sur ma chaîne :

#28 La gratitude au quotidien

Ce qu'ils en disent : « Waouh ! Merci ça redonne la patate ! Extrêmement puissantes tes vidéos ! Un grand merci. »
Lilou, abonnée YouTube

1ère ronde courte

Pk- *Gratitude infinie pour le merveilleux cadeau de la vie*
Pk- *Gratitude infinie pour ce nouveau jour et toutes les richesses qu'il m'offre*
Pk- *Gratitude infinie pour tous les bienfaits présents dans ma vie*
St- *Gratitude infinie pour toutes les formes d'abondance que je reçois*
Ds- *Gratitude infinie pour le fonctionnement parfait de mon corps*
Co- *Gratitude infinie parce que je me sens bien et de mieux en mieux*
So- *Gratitude infinie pour toutes les formes d'amour que je reçois*
Sn- *Gratitude infinie pour les moments de rire et de joie et que je partage*
Cm- *Gratitude infinie pour mon emploi et toute l'abondance qu'il m'apporte*

Cl- *Gratitude infinie pour les nombreuses opportunités qui me sont offertes*
Ss- *Gratitude infinie car je suis en bonne santé sur tous les plans de mon être*
Sb- *Gratitude infinie pour toutes les expériences qui m'aident à grandir*

2ème ronde courte

Pk- *Gratitude infinie pour toute la magie qu'il y a dans ma vie*
St- *Gratitude infinie pour les signes et les synchronicités que je vis chaque jour*
Ds- *Gratitude infinie car je dispose toujours de l'essentiel*
Co- *Gratitude infinie pour toutes les relations qui m'aident à évoluer*
So- *Gratitude infinie pour tout ce que je peux donner et partager avec les autres*
Sn- *Gratitude infinie pour toute l'abondance qui circule librement dans ma vie*
Cm- *Gratitude infinie pour l'argent et les richesses qui se déversent sur moi*
Cl- *Gratitude infinie pour la concrétisation parfaite de tous mes projets*
Ss- *Gratitude infinie pour toute la chance que j'ai dans ma vie*
Sb- *Gratitude infinie car tout tourne toujours en ma faveur*

3ème ronde courte

Pk- *Gratitude infinie pour le soutien et l'aide que je reçois dans mes projets*

St- *Gratitude infinie pour tous les changements positifs qui s'opèrent pour moi*
Ds- *Gratitude infinie car toutes mes affaires prospèrent généreusement*
Co- *Gratitude infinie pour le succès et la réussite de tout ce que j'entreprends*
So- *Gratitude infinie car l'univers soutient chacun de mes pas*
Sn- *Gratitude infinie pour la beauté et la vie tout autour de moi*
Cm- *Gratitude infinie pour tout ce qui me revient de droit divin*
Cl- *Gratitude infinie pour ma forme et mon énergie débordante au quotidien*
Ss- *Gratitude infinie pour ma persévérance et ma bonne volonté au quotidien*
Sb- *Gratitude infinie car j'attire le meilleur à chaque instant*

4ème ronde courte

Pk- *Gratitude infinie car je sais voir et apprécier le bon en toute chose*
St- *Gratitude infinie pour les miracles dans ma vie et tout autour de moi*
Ds- *Gratitude infinie pour mon inspiration et mes idées lucratives au quotidien*
Co- *Gratitude infinie pour tous les moments de bonheur que je savoure*
So- *Gratitude infinie car ma vie est remplie d'émerveillement et de moments magiques*
Sn- *Gratitude infinie pour les nouveaux miracles financiers*
Cm- *Gratitude infinie pour les miracles d'abondance et de prospérité*

Cl- *Gratitude infinie pour les miracles de santé parfaite et de guérison autour de moi*
Ss- *Gratitude infinie pour tout le bon qu'il y a dans ma vie chaque jour*
Sb- *Gratitude infinie car il m'est facile d'attirer le positif dans ma vie*

Terminez par le point karaté :
Pk- *Gratitude infinie pour mon intuition qui me guide vers le meilleur*
Pk- *Gratitude infinie car tout est parfait, tout est comme il doit être*
Pk- *Gratitude infinie pour cette journée magique et extraordinaire*

Respirez profondément et buvez un peu d'eau.

Retrouvez ce défi en vidéo sur ma chaîne :

#29 Activer son processus naturel d'auto-guérison

1ère ronde longue

Pk- *J'ai l'intention d'activer mon pouvoir naturel d'auto-guérison*
Pk- *J'ai l'intention d'aider à guérir tous les aspects de ma vie qui ont besoin de l'être*
Pk- *J'ai l'intention d'accueillir la guérison de tous les maux physiques ou psychiques que je porte en moi dans cette vie*
St- *Je détiens en moi un pouvoir merveilleux d'auto-guérison*
Ds- *Mon corps et mes organes ont cette capacité extraordinaire de se régénérer*
Co- *Je choisis de prendre toute l'énergie de l'univers pour la diriger sur ma guérison*
So- *Chaque jour, je prends du temps pour me détendre et me remplir de cette énergie de guérison*
Sn- *Je suis bien décidé(e) à guérir toutes les parties de mon être qui ont besoin de l'être*
Cm- *J'autorise l'énergie de guérison à entrer en moi et à circuler librement à travers moi*
Cl- *Pour défaire et dissoudre tous mes blocages conscients et inconscients*
Ss- *Pour régénérer l'ensemble de mes cellules et l'espace entre mes cellules*
Sb- *Pour me remplir d'une énergie nouvelle qui revigore tout mon être*

Po- *Je laisse cette énergie infuser toutes les parties de mon corps qui sont en appel*
In- *Je respire et je me détends pour tirer les meilleurs bienfaits de cette régénération*
Ma- *Et j'accueille la guérison et je la laisse s'intégrer dans mes énergies*
Au- *Je me sens vivant(e), revigoré(e), régénéré(e)*

2ème ronde longue

Pk- *Je demande ici et maintenant, l'activation de mon pouvoir naturel d'auto- guérison*
Pk- *Je demande ici et maintenant la guérison de toutes les parties de mon corps qui ont besoin de l'être*
Pk- *Je demande ici et maintenant la guérison de toutes mes blessures émotionnelles qui en ont besoin*
St- *J'accueille mon merveilleux pouvoir naturel d'auto-guérison*
Ds- *Je me connecte à l'énergie de l'univers pour la diriger sur moi*
Co- *J'active la régénération de toutes mes cellules ici et maintenant*
So- *J'active la libération de tous mes blocages conscients et inconscients*
Sn- *J'active la guérison de mes blessures émotionnelles*
Cm- *J'active la guérison de mes blessures physiques, douleurs et maladies*
Cl- *J'autorise l'énergie de guérison à entrer en moi et à circuler librement à travers moi*
Ss- *Et, instantanément, chacune de mes cellules guérit en ce moment*

Sb- *Je me remplis d'une énergie nouvelle qui revigore tout mon être*
Po- *Je laisse cette énergie infuser toutes les parties de mon corps qui sont en appel*
In- *Je respire et je me détends pour tirer les meilleurs bienfaits de cette régénération*
Ma- *J'accueille la guérison et je la laisse s'intégrer dans mes énergies*
Au- *Je me sens vivant(e), revigoré(e), régénéré(e)*

Terminez par le sommet de la tête :
St- *J'accueille l'énergie de guérison et la laisse s'imprégner dans tout mon être*

Respirez profondément et buvez un peu d'eau.

#30 Lâcher prise

Ce qu'ils en disent : « Je vous découvre depuis peu et j'aurais bien aimé vous découvrir avant ! Mais le plus important c'est que ça y est. Je vous remercie pour cette chaîne merveilleuse qui va me permettre, comme à beaucoup d'autres personnes, d'évoluer vers le meilleur de moi et vers une vie meilleure. Merci, merci, merci. » **Corinne, abonnée YouTube**

1ère ronde longue

Pk- *Je décide de lâcher prise et dépose tout ce qui m'empêche d'avancer sur mon chemin*
Pk- *Désormais j'accepte de voir chaque obstacle comme une occasion de grandir*
Pk- *Aujourd'hui je regarde mon passé avec amour et je tire les leçons qu'il comporte*
Ds- *Désormais je fais confiance à la vie et la vie m'apporte beaucoup*
Co- *Je suis ouvert(e) aux changements positifs dans la vie*
So- *Je laisse aller tout ce qui n'a plus lieu d'être dans ma vie*
Sn- *Je lâche prise sur toutes mes résistances et je vis pleinement le moment présent*
Cm- *Je m'ouvre à tout ce qui est bon pour moi*
Cl- *J'accepte tout ce qui ne peut être changé*

Ss- *Je trouve en moi la force de changer ce qui peut l'être*
Sb- *En lâchant prise, je reprends le pouvoir sur ma vie*
Po- *Plus je me libère de la rancœur, plus je peux exprimer mon amour*
In- *Je suis maintenant prêt(e) à me pardonner et pardonner aux autres*
Ma- *Je relâche ici toute ma colère et ma tristesse*
Au- *Lâcher prise, c'est récupérer mon énergie pour la diriger où je veux*

2ème ronde longue

Pk- *Je choisis la paix, je choisis la liberté*
Pk- *Je lâche prise, je suis sans attente et j'accueille l'inspiration*
Pk- *J'accepte toutes mes émotions et je demande à les libérer dans la douceur*
Ds- *Chaque jour, je suis parfaitement guidé(e) et protégé(e) par les forces supérieures de la vie*
Co- *En lâchant prise, je retrouve toute mon énergie et toute ma vitalité*
So- *Chaque situation comporte la solution la plus satisfaisante pour moi*
Sn- *J'adopte une attitude plus positive face à toutes les situations de ma vie*
Cm- *Je me libère maintenant et je laisse la paix s'installer*
Cl- *Je suis toujours prêt(e) aux changements*
Ss- *J'apprends à être en harmonie avec la vie*
Sb- *En lâchant prise, je prends le recul nécessaire sur toutes les situations de ma vie*
Po- *J'ai confiance et j'accepte de me laisser porter par l'ordre divin*

In- *J'abandonne ma volonté de tout contrôler et de tout maîtriser*
Ma- *Je lâche prise et, rapidement, de nouvelles idées apparaissent*
Au- *L'univers dans lequel je me trouve est complet et parfait*

Terminez par le sommet de la tête :
St- *Je lâche prise et je fais confiance à la magie de l'univers*

Respirez profondément et buvez un peu d'eau.

Retrouvez ce défi en vidéo sur ma chaîne :

#31 Maigrir, perdre du poids, se programmer au poids idéal

Ce qu'ils en disent : « J'ai fait ce Tapping durant 30 jours et oh miracle, il marche à merveille. Résultats : 4 kilos en moins, j'ai changé mes habitudes alimentaires (je mangeais très mal, trop sucré, trop gras, et là je fais attention à ce que je mange). Ce Tapping est d'une efficacité redoutable, puisque j'ai radicalement changé mes anciens schémas. J'ai commencé à changer de comportement au bout de 7 jours. Merci Flore pour cette belle énergie. »
Alva, abonnée YouTube

1ère ronde courte

Pk - *Je décide maintenant d'intégrer un nouveau mode de pensée plus positif au sujet de moi-même*
Pk - *Si j'ai un problème avec mon poids, c'est qu'il y a en moi une mémoire qui crée cela*
Pk - *Je demande à ce que ces mémoires soient supprimées de mon esprit subconscient*
St- *Même si aujourd'hui j'estime avoir un problème de poids et que je me suis senti(e) mal jusqu'ici, je décide de m'aimer et de m'accepter tel(le) que je suis*
Ds- *Même si j'ai des kilos superflus et que cela me gêne et me bloque au quotidien*

Co- *Je me libère de ce besoin de me juger, de me comparer, de me critiquer*
So- *Dès à présent, je me fixe un objectif clair à atteindre, il est essentiel qu'au fond de moi cela me paraisse réalisable*
Sn- *J'entreprends immédiatement les bonnes actions pour atteindre mon poids idéal*
Cm- *Aujourd'hui, je choisis de me sentir bien dans mon corps et dans ma tête*
Cl- *Je prends ma vie en main et je mange varié et équilibré*
Ss- *Je m'active dès que j'en ai l'occasion*
Sb- *Je suis dynamique*

2ème ronde courte

Pk- *Mon corps s'améliore chaque jour*
St- *Chaque jour me rapproche de mon objectif*
Ds- *Pour perdre du poids, je sélectionne des aliments sains*
Co- *Je prends le temps de faire vivre mon corps*
So- *Je prends soin de moi*
Sn- *Je prends plaisir à voir les résultats s'opérer sur mon corps et sur mon mécanisme de pensée*
Cm- *En étant créatif(ve), je m'organise des exercices simples, ludiques et faciles*
Cl- *Je suis sérieusement engagé(e) dans un processus de changements positifs*
Ss- *Je fais les bons choix chaque jour, je fais tout ce qui me rapproche de mon objectif*
Sb- *Je profite des activités en plein air*

3ème ronde courte

Pk- *Ce que je crois possible peut devenir possible*
St- *La confiance que j'ai en moi grandit*
Ds- *Chaque jour, malgré les circonstances extérieures, je reste concentré(e) sur mon objectif d'atteindre mon poids idéal*
Co- *Je cesse de me trouver des excuses*
So- *Je passe à l'action immédiatement*
Sn- *J'opte pour des aliments qui m'apportent toute l'énergie nécessaire chaque jour*
Cm- *Je prends goût à l'effort physique grâce à des exercices simples que je peux pratiquer partout*
Cl- *Grace à mes pensées, j'atteins mon poids idéal facilement et rapidement*
Ss- *Tout ce que je mange m'aide à atteindre mon poids idéal*
Sb- *Je lâche prise sur mes pensées limitantes et sur mes kilos superflus*

4ème ronde courte

Pk- *En équilibrant mes pensées et mon corps, les changements sur moi sont surprenants*
St- *J'ai de la gratitude pour le fonctionnement parfait de toutes les parties de mon corps*
Ds- *Je perds du poids rapidement et facilement*
Co- *Chaque jour, je visualise mon objectif atteint et je me sens bien*
So- *Je suis très heureux(se) quand je vois les résultats que j'obtiens*
Sn- *Je me sens bien dans mon corps : je me sens libre*
Cm- *J'apprends à aimer mon corps et il me le rend bien*

Cl- *Je prends soin de moi de plus en plus naturellement*
Ss- *Et je prends plaisir à prendre soin de moi*
Sb- *Et je m'attends à encore plus de résultats positifs*

Terminez par le sommet de la tête :
St- *J'avance facilement vers une nouvelle vision de moi-même*

Respirez profondément et buvez un peu d'eau

Retrouvez ce défi en vidéo sur ma chaîne :

#32 Attirer les miracles

Ce qu'ils en disent : « Merci Flore ! C'est vraiment magique. Je reçois effectivement des cadeaux chaque jour : un bouquet de fleurs par ci, une somme d'argent complètement oubliée par-là, une part de récolte de fruits bio! Gratitude à l'univers. » **Nezrha, abonnée YouTube**

1ère ronde courte

Pk- *J'établis la ferme intention ici et maintenant d'attirer les miracles dans ma vie*
Pk- *J'établis la ferme intention ici et maintenant d'attirer les miracles dans mon quotidien*
Pk- *Des miracles pour moi et des miracles pour tous ceux qui m'entourent*
St- *Aujourd'hui, je m'ouvre aux miracles dans ma vie*
Ds- *En connexion avec mon être supérieur*
Co- *J'attire facilement les miracles dans mon quotidien*
So- *Des miracles pour moi et des miracles pour tous ceux qui m'entourent*
Sn- *Chaque jour, tout se déroule pour moi de la meilleure des façons*
Cm- *J'attire à moi tout ce qui me convient le mieux pour le moment*

Cl- *Je dépose ici tous mes doutes, mes peurs et mes pensées limitantes*
Ss- *J'accepte que les miracles de la vie soient toujours prêts à se manifester pour moi*
Sb- *Je crée d'abord le positif et les miracles dans mon esprit*

2ème ronde courte

Pk- *Je m'ouvre ici et maintenant à toute forme de miracle dans ma vie*
Pk- *Je m'ouvre aux miracles financiers, d'abondance et de prospérité*
Pk- *Je m'ouvre aux miracles relationnels, d'amour parfait et d'amitié vraie*
Pk- *Je m'ouvre aux miracles de santé parfaite et de guérison*
St- *Je me montre prêt(e) à recevoir les cadeaux de l'univers*
Ds- *C'est ainsi que je crée les miracles dans ma vie*
Co- *Et tout se déroule toujours pour moi selon l'ordre divin*
So- *Chaque jour, j'observe les miracles se manifester autour de moi*
Sn- *J'ouvre les bras à tout ce qu'il y a de magique*
Cm- *Je me dis que ma vie peut-être extraordinaire*
Cl- *Désormais les surprises extraordinaires font partie de ma vie*
Ss- *Et je suis toujours guidé(e) vers le meilleur pour moi*
Sb- *Chaque jour, j'ai de nombreuses surprises très agréables*

Terminez par le point karaté :
Pk- *J'attire les miracles financiers, d'abondance et de prospérité*
Pk- *J'attire les miracles relationnels, d'amour parfait et d'amitié vraie*
Pk- *J'attire les miracles de santé parfaite et de guérison*

Pk- *J'accepte* ici *et maintenant la manifestation de miracles dans ma vie, Des miracles pour moi et des miracles pour tous ceux qui m'entourent*

Respirez profondément et buvez un peu d'eau.

Retrouvez ce défi en vidéo sur ma chaîne :

#33 Motivation

Ce qu'ils en disent : « Je te remercie pour ce formidable travail. Merci pour ce travail génial que tu as accompli pour le plus grand bien de tous. » **Anaïs, abonnée YouTube et membre du groupe Facebook** *Vivre Bien*

1ère ronde longue

Pk- *Dès aujourd'hui, je détermine les objectifs que je souhaite atteindre dans ma vie*
Pk- *J'ai l'intention d'augmenter mon capital motivation*
Pk- *J'ai l'intention d'avoir une très grande énergie et de la canaliser pour créer ma vie*
St- *Plus mes objectifs sont clairs et précis et plus j'ai de chance d'arriver à la bonne destination*
Ds- *Chaque jour, je suis très motivé(e) à l'idée de réaliser les buts que je me suis fixés*
Co- *J'ai confiance en mon intuition créatrice, ma confiance grandit chaque jour*
So- *J'ai chaque jour de nouvelles idées très productives*
Sn- *Je me lève tôt chaque matin et je suis dans une forme extraordinaire*
Cm- *Ma vision des choses est claire et ciblée, je vois loin et je vois juste*

Cl- *J'entreprends avec une grande motivation les bonnes actions dans ma vie*
Ss- *J'exsude la volonté et la passion et je passe à l'action immédiatement*
Sb- *Chaque jour, je fais ce que j'ai à faire sans me poser de questions*
Po- *La rigueur et la régularité que je m'impose créent ma réussite*
In- *Je me libère maintenant de tous mes doutes et de toutes mes peurs et j'avance avec conviction*
Ma- *Mon attitude dans les situations de ma vie est déterminante, je sais voir le bon tout le temps*
Au- *Je suis très motivé(e) à agir dès que j'en ai l'occasion, j'agis maintenant*

2ème ronde longue

Pk- *Ici et maintenant, je me libère de mon besoin de tout remettre à plus tard*
Pk- *J'ai l'intention de décupler mes capacités et mes possibilités*
Pk- *J'ai l'intention d'être persévérant(e) et de faire un pas chaque jour*
St- *Je suis honnête avec moi-même, je me libère de mon besoin de me trouver des excuses*
Ds- *Je suis très motivé(e) à l'idée d'entreprendre de nouvelles choses chaque jour*
Co- *Je fais facilement de grandes choses sans oublier les petites*
So- *J'attire à moi des idées créatrices au quotidien*
Sn- *Je sais reconnaître les bonnes opportunités et je passe immédiatement à l'action*

Cm- *J'attire à moi des personnes qui m'aident à réaliser mes objectifs*

Cl- *Je choisis à présent les expériences que je veux vivre dans ma vie*

Ss- *Chaque jour, je suis motivé(e) et déterminé(e) à entreprendre des changements dans ma vie*

Sb- *Je suis très motivé(e) pour adopter une attitude positive, peu importe ce qu'il se passe dans ma vie*

Po- *Je peux atteindre tous mes objectifs facilement et sereinement*

In- *Chaque jour, je fais de mon mieux avec joie et enthousiasme*

Ma- *Je suis motivé(e) à rêver et à penser de manière illimitée*

Au- *L'univers m'aide et me soutient à chacun de mes pas*

Terminez par le point karaté :

Pk- *Chaque pensée positive que j'émets dans l'univers me sera renvoyée sous la forme d'événements positifs dans ma vie*

Pk- *Je suis alors très motivé(e) à pratiquer la pensée positive chaque jour*

Pk- *Chaque jour, je visualise mes résultats atteints et je remercie l'univers, j'éprouve une gratitude infinie*

Respirez profondément et buvez un peu d'eau.

Retrouvez ce défi en vidéo sur ma chaîne :

#34 Paix intérieure

1ère ronde longue

Pk- *J'ai l'intention d'être enfin en paix avec moi-même*
Pk- *J'ai l'intention de me libérer de tout ce qui m'empêche d'accéder à la paix intérieure*
Pk- *Je suis bien décidé(e) à travailler sur moi pour gagner en paix chaque jour*
St- *Désormais, je suis de plus en plus calme et détendu(e)*
Ds- *Je comprends que je suis maître(sse) de mon esprit et de mes émotions*
Co- *J'aborde à présent les choses avec plus de recul*
So- *Je ne prends plus rien personnellement*
Sn- *Ainsi je gagne en paix et en liberté*
Cm- *J'ai la possibilité de me créer un univers calme et serein*
Cl- *Désormais je me sens en sécurité partout où je vais*
Ss- *Je m'appuie sur le moment présent et je me sens bien*
Sb- *Je suis de plus en plus calme et centré(e) au quotidien*
Po- *J'inspire la paix et je me libère des tensions*
In- *J'inspire la paix et je me sens calme et paisible*
Ma- *J'inspire la paix et je laisse la détente s'installer en moi*
Au- *J'inspire la paix et je sème maintenant des graines de paix*

2ème ronde longue

Pk- *J'ai l'intention d'être enfin en paix avec moi-même*

Pk- *J'ai l'intention de me libérer de tout ce qui m'empêche d'y accéder*
Pk- *Je suis bien décidé(e) à abandonner toutes les pensées qui nuisent à mon bien-être*
St- *Désormais, je suis attentif(ve) à mon monde intérieur*
Ds- *Je choisis d'exprimer la paix dans mes pensées*
Co- *Je choisis d'exprimer la paix dans mes attitudes*
So- *Je choisis d'exprimer la paix dans mes paroles*
Sn- *Peu importe ce qu'il se passe autour de moi, je peux rester calme et serein(e)*
Cm- *Parce que ma paix, se trouve en moi*
Cl- *Je suis maître(sse) de mon esprit et de mes émotions*
Ss- *Je suis de plus en plus calme et détendu(e)*
Sb- *Je demeure centré(e) et paisible dans l'instant présent*
Po- *J'inspire la paix et je me libère des tensions*
In- *J'inspire la paix et je me sens calme et paisible*
Ma- *J'inspire la paix et je laisse la détente s'installer en moi*
Au- *J'inspire la paix et je sème maintenant des graines de paix*

3ème ronde longue

Pk- *J'ai l'intention d'être enfin en paix avec moi-même*
Pk- *J'ai l'intention de me libérer de tout ce qui m'empêche de pardonner*
Pk- *Je suis bien décidé(e) à me pardonner et à pardonner aux autres*
St- *J'ai conscience que toutes mes expériences comportent leurs enseignements*

Ds- *Je cesse de me juger coupable et je me donne le droit de faire des erreurs*
Co- *Je me donne le droit d'être moi-même et d'avancer à mon rythme*
So- *Je me donne le droit de prendre ma place*
Sn- *Je suis libre de me créer un univers calme et tranquille*
Cm- *Je suis libre de me créer un environnement propice à mon but*
Cl- *De m'entourer de personnes bienveillantes qui m'encouragent*
Ss- *De choisir des activités qui favorisent la relaxation et la détente*
Sb- *Plus je suis détendu(e) et plus je me sens en paix*
Po- *J'inspire la paix et je me libère des tensions*
In- *J'inspire la paix et je me sens calme et paisible*
Ma- *J'inspire la paix et je laisse la détente s'installer en moi*
Au- *J'inspire la paix et je sème maintenant des graines de paix*

Terminez par le sommet de la tête :
St- *Je choisis la paix, je choisis la liberté*

Respirez profondément et buvez un peu d'eau.

#35 Positive attitude

Ce qu'ils en disent : « Simplement excellent comme capsule. Bravo ! »
Stéphane, abonné YouTube

1ère ronde courte

Pk- *Dès aujourd'hui, je choisis d'attirer le meilleur pour moi*
Pk- *Je suis prêt(e) à recevoir tout ce dont j'ai besoin quand j'en ai besoin*
Pk- *Je suis toujours prêt(e) à recevoir les cadeaux de l'univers*
St- *L'univers m'aide et me soutient à chaque étape de ma vie*
Ds- *Pour attirer le positif, j'adopte une attitude plus positive en tout temps*
Co- *Je me libère de l'ancien dans ma vie, ainsi je grandis et j'évolue*
So- *J'ouvre les bras à ce qu'il y a de meilleur pour moi, qui me revient de droit divin*
Sn- *Je sors de ma zone de confort pour provoquer les occasions*
Cm- *J'aime entreprendre de nouvelles choses*
Cl- *Et c'est ainsi que je crée les miracles dans ma vie*
Ss- *Je suis tout à fait prêt(e) à vivre des changements positifs dans ma vie*
Sb- *En m'aimant et en m'acceptant, je me donne le droit de vivre mieux*

2ème ronde courte

Pk- *Je mérite d'être heureux(se) et je l'accepte maintenant*
Pk- *Je suis toujours guidé(e) vers le meilleur pour moi*
Pk- *Chaque jour, la vie me réserve d'agréables surprises*
St- *Aujourd'hui, j'ai des surprises extraordinaires*
Ds- *Mes résultats dépassent largement mes espérances*
Co- *Chaque jour, je reçois toutes formes de richesses*
So- *Je suis guidé(e) vers tous ceux qui ont besoin de mes services*
Sn- *Je suis maintenant décidé(e) à vivre les meilleures choses de la vie*
Cm- *Je dis OUI à la vie, ainsi je m'ouvre au champ de tous les possibles*
Cl- *Tout se déroule pour moi selon le plan divin*
Ss- *Pour vivre le positif, je crée d'abord le positif en moi*
Sb- *Je me concentre uniquement sur les choses positives dans ma vie*

3ème ronde courte

Pk- *Mon attitude positive est déterminante pour toutes les situations de ma vie*
Pk- *Je suis prêt(e) à vivre le meilleur dans tout*
Pk- *C'est ainsi que j'attire le meilleur pour moi-même et pour tous ceux qui m'entourent*
St- *J'ai confiance en l'univers et je me fais confiance*
Ds- *Chaque jour, tous les aspects de ma vie s'améliorent*
Co- *Je suis aimant(e) et bienveillant(e) avec les autres*
So- *Ainsi j'attire des personnes qui me veulent du bien*

Sn- *Chaque jour, j'attire de nouvelles opportunités très positives pour moi*
Cm- *J'ai confiance que tout arrive au moment où il doit arriver*
Cl- *Je comprends maintenant que l'univers est perfection*
Ss- *Je lâche prise facilement, je sais que le meilleur arrive toujours*
Sb- *Je peux faire tout ce que je veux et je me sens bien*

4ème ronde courte

Pk- *Tout se déroule pour moi dans la joie et de la manière la plus satisfaisante qui soit*
Pk- *Le positif se manifeste toujours dans ma vie et de la meilleure des façons*
Pk- *Les miracles de la vie sont toujours prêts à se manifester*
Pk- *J'attire la chance dans ma vie et tout tourne à mon avantage*
St- *Je mets de l'amour et du positif dans tout ce que je fais*
Ds- *Je fais toujours de mon mieux*
Co- *Je m'attends seulement au meilleur et je l'obtiens toujours*
So- *Je choisis d'ouvrir toutes les portes devant moi*
Sn- *J'ai l'intention d'obtenir des résultats très positifs*
Cm- *Je choisis de me sentir bien à tout instant*
Cl- *Je me focalise sur ce que je veux voir apparaître*
Ss- *Matin et soir je visualise l'arrivée de bonnes choses jusqu'à moi*
Sb- *C'est de plus en plus facile pour moi de créer une vie plus positive*

Terminez par le sommet de la tête :

St- *Je contribue à chaque instant à la création d'une vie plus positive*

Respirez profondément et buvez un peu d'eau.

Retrouvez ce défi en vidéo sur ma chaîne :

#36 Prospérité Divine

Ce qu'ils en disent : « J'adore toutes vos vidéos, merci, gratitude. Quelle pêche on a en le faisant ! » **Christine B, abonnée YouTube**

1ère ronde longue

Pk- *La prospérité est pour tout le monde, moi y compris*
Pk- *Je suis prêt(e) à recevoir tout ce dont j'ai besoin quand j'en ai besoin*
Pk- *Je mérite la prospérité dans tous les domaines de ma vie*
St- *J'accueille tout ce que l'univers à de bon à m'envoyer*
Ds- *Mes résultats dépassent largement et rapidement mes espérances*
Co- *Des occasions inespérées se présentent à moi*
So- *Mes services sont toujours très demandés et je réussis tout ce que j'accomplis*
Sn- *L'intelligence infinie m'apporte toutes les idées dont j'ai besoin*
Cm- *Je suis sur le chemin de l'abondance et de la prospérité*
Cl- *Je m'ouvre à toute l'abondance de l'univers, l'univers est mon pourvoyeur*
Ss- *Il m'apporte tout ce dont j'ai besoin quand j'en ai besoin*
Sb- *Je suis créateur de mon propre succès*

Po- *De jour comme de nuit, tous mes intérêts prospèrent*
In- *Je suis un aimant à argent, à prospérité et à abondance*
Ma- *Je choisis de vivre dès maintenant et pour toujours dans la prospérité divine*
Au- *Je suis toujours prêt à recevoir les cadeaux de l'univers*

2ème ronde longue

Pk- *J'ai l'intention d'accroître l'abondance sous toutes ses formes dans ma vie*
Pk- *Désormais, mes revenus sont plus élevés que mes dépenses*
Pk- *Chaque jour, je suis plus riche en toutes choses*
St- *J'ai suffisamment de temps, d'énergie et d'argent pour réaliser tous mes désirs*
Ds- *Je focalise mon attention sur la réussite, le succès et la prospérité*
Co- *J'ai une attitude plus positive en tout temps*
So- *Je suis reconnaissant(e) pour tout ce que j'ai déjà dans ma vie*
Sn- *L'argent vient à moi par la grâce et de toutes les directions*
Cm- *Je suis toujours guidé(e) vers ce qu'il y a de bon pour moi*
Cl- *Rapidement, tous les aspects de ma vie s'améliorent*
Ss- *Ma prospérité provient de tous et de partout, l'univers prend soin de moi*
Sb- *Je me concentre sur ce que je veux voir apparaître dans ma vie*
Po- *Je crée d'abord la richesse et la prospérité dans mon esprit*
In- *Et ainsi j'attire plus de tout ce que je peux désirer*
Ma- *J'attire à moi TOUT ce qui me revient de droit divin*

Au- *Je m'ouvre au flux de la grande abondance pour tous les aspects de ma vie*

3ème ronde longue

Pk- *Je prospère facilement dès lors que j'utilise tous mes talents*
Pk- *J'ai confiance en le fait que tout arrive au moment où il le doit*
Pk- *Et ma prospérité s'accroît maintenant de jour en jour*
St- *J'accueille toute l'abondance que l'univers est sur le point de m'envoyer*
Ds- *Je suis à présent très motivé(e) pour atteindre les buts et objectifs que je me suis fixés*
Co- *J'ai le droit de vivre la vie de mes rêves*
So- *Je peux faire de mes rêves une réalité*
Sn- *L'argent circule librement et abondamment dans ma vie*
Cm- *Ma vie est de plus en plus prospère dans tous les domaines*
Cl- *Mes résultats me confortent dans cette voie plus positive*
Ss- *Chaque jour, l'univers infini m'ouvre la voie de l'abondance infinie*
Sb- *Chaque jour, tout vient à moi par la grâce et de la meilleure des façons*
Po- *J'attire la chance dans ma vie et tout tourne toujours à mon avantage*
In- *Tout se déroule toujours pour moi selon l'ordre divin*
Ma- *Je sais que tout est parfait*
Au- *Chaque jour, j'arrose mon succès grâce aux affirmations positives*

Terminez par le sommet de la tête :

St- *J'accueille avec gratitude toute la prospérité qu'il y a déjà autour de moi*

Respirez profondément et buvez un peu d'eau.

Retrouvez ce défi en vidéo sur ma chaîne :

#37 Résilience : faire de ses blocages des avantages

1ère ronde courte

Pk- *J'ai l'intention de faire de tous mes blocages des avantages*
Pk- *J J'ai l'intention de transformer mes faiblesses apparentes en de grandes forces*
Pk- *J'ai l'intention de considérer chaque obstacle en occasion à grandir*
St- *Je prends conscience que tout est absolument nécessaire à mon évolution*
Ds- *Je me donne le droit de faire des erreurs*
Co- *Je me donne le droit d'essayer encore et encore*
So- *Je me donne le droit de prendre ma place*
Sn- *Je me donne le droit d'être moi-même et d'avancer à mon rythme*
Cm- *Je me donne le droit de révéler ma véritable nature*
Cl- *Je me donne les moyens de faire mieux, de faire plus*
Ss- *Et je me souviens que tout est absolument nécessaire pour devenir qui je suis*
Sb- *Je prends conscience que chaque étape de ma vie me permet de devenir celui/celle que je suis vraiment*

2ème ronde courte

Pk- *J'ai l'intention de faire de tous mes blocages des avantages*

Pk- *J'ai l'intention de transformer mes faiblesses apparentes en de grandes forces*
Pk- *J'ai l'intention de considérer chaque obstacle comme une occasion de grandir*
St- *Je suis tout à fait capable de me réaliser si je le décide*
Ds- *Je libère et je lâche toutes les formes d'auto-sabotage*
Co- *Je libère et je lâche toutes les formes d'autodestruction*
So- *Je libère et je lâche mes peurs pour aller de l'avant*
Sn- *J'accueille ma vulnérabilité et mes imperfections*
Cm- *J'accueille ma sensibilité et je la laisse s'exprimer*
Cl- *J'accueille mes forces et mes faiblesses*
Ss- *Et je me connecte à l'immense force de résilience en moi*
Sb- *Je me souviens que je peux tout transformer si je le décide*

3ème ronde courte

Pk- *J'ai l'intention de faire de tous mes blocages des avantages*
Pk- *J'ai l'intention de transformer mes faiblesses apparentes en de grandes forces*
Pk- *J'ai l'intention de considérer chaque obstacle en occasion de grandir*
St- *Je suis tout à fait capable moi aussi de réaliser de grandes choses*
Ds- *Je suis tout à fait capable moi aussi de mener à bien mes projets*
Co- *Je suis tout à fait capable d'abandonner ma zone de confort pour une vie plus exaltante*
So- *Et s'il suffisait de le décider ?*
Sn- *Et si je pouvais réveiller et révéler tout le potentiel qui sommeille en moi ?*
Cm- *Et si je pouvais me connecter à l'extraordinaire en moi ?*

Cl- *Et si moi aussi je pouvais vivre une vie magique ?*
Ss- *Et si je commençais par reconnaître mes qualités ?*
Sb- *Et si je commençais par me valider moi-même ?*

Passez sur le point karaté :
Pk- *J'ai l'intention de faire de tous mes blocages des avantages*
Pk- *J'ai l'intention de transformer mes faiblesses apparentes en de grandes forces*
Pk- *J'ai l'intention de considérer chaque obstacle en occasion à grandir*

Terminez par le sommet de la tête :
St- *J'active maintenant toutes mes ressources intérieures*

Respirez profondément et buvez un peu d'eau.

#38 Réussite et succès

Ce qu'ils en disent : « Vidéos toujours au top, très bon choix, merci Flore. J'adore, continue, je me régale à chaque fois. Et merci l'univers, merci moi ! » **Corinne, abonnée YouTube et membre du groupe Facebook *Vivre Bien***

1ère ronde longue

Pk- *Dès aujourd'hui, je suis prêt(e) à réussir dans tous les domaines de ma vie*
Pk- *J'ouvre mon cœur et mon esprit au succès et à la réussite*
Pk- *Désormais, je suis attentif(ve) et j'entreprends les bonnes actions dans ma vie. Je fais les bons choix*
St - *Je m'autorise à une réussite complète et parfaite*
Ds- *Je détermine des objectifs clairs à atteindre*
Co- *En modifiant mes pensées, j'active mon pouvoir créateur*
So- *J'ai du succès parce que je sais ce que je veux et que je le demande à l'univers*
Sn- *En m'ouvrant aux autres, je m'ouvre au succès*
Cm- *J'apprends à faire confiance à mon intuition créatrice*
Cl- *Je suis toujours guidé(e) vers ce qui est bon pour moi*
Ss- *Je suis guidé(e) à chaque instant vers le succès et vers la réussite*
Sb- *J'ai chaque jour de nouvelles idées très créatrices et lucratives à la fois*
Po- *Je peux réussir tout ce que j'entreprends*

In- *La vie place sur mon chemin les personnes qui me permettent de réussir*
Ma- *Le succès et la réussite font désormais et pour toujours partie de ma vie*
Au- *Je m'aime, je m'approuve et je me respecte*

2ème ronde longue

Pk- *J'apprends à croire en moi et en mon pouvoir de réussite*
Pk- *J'avance avec plus de confiance chaque jour vers les réalisations positives de mes objectifs*
Pk- *Je me réjouis d'avoir du succès dans tous les domaines de ma vie*
St - *J'accepte de recommencer encore et encore*
Ds- *Je peux tout accomplir grâce à la puissance de mon esprit subconscient*
Co- *Je me concentre facilement sur tout ce que j'ai à faire*
So- *Je me félicite pour les petites et les grandes choses que je réalise chaque jour*
Sn - *J'apprends à définir mes priorités*
Cm- *J'évolue et je dépasse mes peurs pour vivre pleinement les cadeaux de l'univers*
Cl- *Je sais que je peux atteindre chacun des buts que je me suis fixés*
Ss- *Je m'exprime d'une manière juste et intelligente*
Sb- *Je choisis de faire confiance à la vie et elle me le rend décuplé*
Po- *Je suis un aimant à abondance, à succès, à réussite*
In- *J'ai la force de faire de mes rêves une réalité*

Ma- *Chaque jour, je trouve le moyen de faire plus et de faire mieux*
Au- *Je suis tout à fait capable de réussir tout ce que j'entreprends désormais !*

Terminez par le point karaté :
Pk- *Je sais qu'il y a toujours quelqu'un de prêt à recevoir mes services*
Pk- *Je sais que tous mes efforts sont récompensés dans les délais les plus satisfaisants pour moi*
Pk- *Merci, car chaque jour me permet de réaliser mes rêves*

Respirez profondément et buvez un peu d'eau.

Retrouvez ce défi en vidéo sur ma chaîne :

#39 Pour attirer le travail idéal

Ce qu'ils en disent : « Merci Flore, grâce aux différentes rondes affirmations positives et EFT j'ai enfin du travail ! Merci, Merci, persévérance, au bout de 15 jours ! » **Julia, abonnée YouTube**

1ère ronde longue

Pk- *J'ai l'intention d'attirer le travail idéal pour moi*
Pk- *Je mérite d'obtenir le travail qui me revient de droit divin*
Pk- *Je mérite d'obtenir le travail qui me convient le mieux pour le moment*
St- *Pour optimiser mes chances, je sors de ma zone de confort*
Ds- *Je m'ouvre à toutes les opportunités et à toutes les occasions*
Co- *J'agis avec confiance et je réussis tout ce que j'entreprends*
So- *Je suis tout fait capable de me réaliser professionnellement*
Sn- *J'attire facilement les bonnes occasions dans ma vie*
Cm- *Tous mes choix se révèlent bons pour moi*
Cl- *Tous mes résultats dépassent largement mes espérances*
Ss- *Je m'ouvre aux autres et je trouve toujours de l'aide au moment où j'en ai besoin*
Sb- *Je passe à l'action chaque jour*
Po- *Je fais tout ce qui me rapproche de mon objectif*
In- *J'avance confiant(e) vers le chemin de la réussite*
Ma- *Je provoque la chance et je m'ouvre à toutes les possibilités*

Au- *Tout est bien et abondant dans le monde qui est le mien*

2ème ronde longue

Pk- *Désormais mon travail est une véritable source de bonheur*
Pk- *J'attire à moi l'emploi qui correspond à ma personnalité et à mes talents*
Pk- *Je me libère maintenant de tous mes doutes et de toutes mes peurs*
St- *Je crois que c'est possible pour moi*
Ds- *J'avance à présent avec confiance et conviction vers la réalisation de mes buts*
Co- *Je vois juste et je vois loin*
So- *Je suis très volontaire et très positif(ve) en tout temps*
Sn- *J'apprends à vivre en parfaite harmonie avec l'univers*
Cm- *Je trouve ma « juste » place et je me réalise pleinement*
Cl- *J'attire un emploi favorable à un salaire extraordinaire*
Ss- *Je suis tout à fait réceptif(ve) à un nouvel emploi parfait pour moi*
Sb- *J'ose, j'innove et j'entreprends*
Po- *Chaque jour, je passe à l'action avec conviction*
In- *De plus en plus, mes services sont très demandés*
Ma- *Je sais maintenant reconnaître les bonnes opportunités pour moi*
Au- *Je travaille pour et avec des personnes merveilleuses*

3ème ronde longue

Pk- *Grâce à mon emploi, j'exprime enfin toute ma créativité et toutes mes aptitudes*

Pk- *Je suis heureux(se) de travailler avec des personnes et des conditions que j'aime*
Pk- *Je travaille dans un endroit agréable et pour un salaire très convenable*
St- *J'ai confiance en mon plein potentiel*
Ds- *J'ai confiance en moi et je progresse*
Co- *Je mérite d'obtenir l'emploi qui me revient de droit divin*
So- *Chaque jour, je me focalise positivement sur ma réalisation et ma réussite professionnelle*
Sn- *Je suis prêt(e) à réussir et à agir dans cette direction*
Cm- *Je suis toujours guidé(e) vers le meilleur*
Cl- *Je mérite le succès et l'abondance dans ma vie*
Ss- *J'entreprends des actions justes et efficaces chaque jour*
Sb- *Plus je fais confiance à la vie, plus la vie me comble*

Terminez par le point karaté :
Pk- *Plus j'avance dans la joie, plus la vie m'apporte tout ce dont j'ai besoin !*
Pk- *Je suis la parfaite expression de mon être !*

Respirez profondément et buvez un peu d'eau.

Retrouvez ce défi en vidéo sur ma chaîne :

#40 Sortir de sa zone de confort

Ce qu'ils en disent : « Merci, vous êtes un vrai soutien quotidien dans mon processus de changement. Merci infiniment. Je vous souhaite le meilleur. »
Myriam, abonnée YouTube

1ère ronde longue

Pk - *Je suis maintenant décidé(e) à changer et à sortir de ma zone de confort*
St- *Je suis décidé(e) à me libérer de toutes les peurs qui m'empêchent d'avancer*
Ds- *J'abandonne définitivement mes anciens schémas mentaux négatifs*
Co- *Je libère et je lâche tous mes blocages et toutes mes résistances*
So- *Je me concentre sur mes qualités et sur toutes les fois où j'ai réussi*
Sn- *Je m'encourage à modifier mes habitudes et à quitter ma routine*
Cm- *J'élargis ma vision des choses, je vois plus grand, plus loin*
Cl- *Je suis très excité(e) à l'idée d'apprendre de nouvelles choses et de développer de nouvelles compétences*
Ss- *Je vais au-delà de ma zone de confort, je me sens bien, en confiance, partout et en toute circonstance*

Sb- *Il m'est de plus en plus facile de m'ouvrir au monde extérieur, ainsi je m'ouvre au champ des possibles*
Po- *Pas à pas, j'évolue progressivement dans la réalisation de mes objectifs*
In- *Je cesse de remettre à demain, je passe à l'action, je fais, j'ose, j'innove, j'essaie*
Ma- *Chaque jour, je provoque la chance et les occasions hors de ma zone de confort*
Au- *Je sais bien que tous mes efforts sont récompensés dans les délais les plus satisfaisants pour moi et de la meilleure des façons*

2ème ronde longue

Pk- *Même s'il existe encore des raisons qui m'empêchent de m'accomplir et de me développer comme je le veux vraiment, je m'aime et je m'accepte*
St- *Je suis bien décidé(e) à me dépasser et à m'ouvrir aux autres*
Ds- *J'ouvre mon cœur et mon esprit en libérant mes peurs*
Co- *En allant vers les autres, je permets aux autres de me connaître*
So- *Je me libère ici et maintenant du besoin de me comparer*
Sn- *Je me libère ici et maintenant du besoin de me sous-estimer*
Cm- *Aujourd'hui, je fais un pas en avant et je vais vers les autres*
Cl- *J'aime être libre d'évoluer et je dépasse ma timidité et mes blocages*
Ss- *Je suis tout à fait décidé(e) à nettoyer mes schémas mentaux*

Sb- *Je choisis de m'aimer et de m'accepter tel(le) que je suis*
Po- *Je m'exprime d'une manière juste et intelligente*
In- *A présent, je vais vers les autres avec plus de facilité*
Ma- *Je fais un avec la puissance qui m'a créé(e)*
Au- *L'univers prend soin de moi*
Pk- *Je suis toujours en sécurité*
St- *J'ose aller de l'avant et j'ose enfin aborder les autres*
Ds- *Je me sens bien partout où je vais*
Co- *Je m'ouvre aux autres et je suis heureux(se) de partager avec eux*
So- *J'aime sortir pour apprécier la beauté du monde*
Sn- *Plus je me donne de l'amour et plus j'aime les autres*
Cm- *J'entretiens uniquement des relations avec des gens positifs*
Cl- *En m'acceptant, j'attire à moi des personnes qui me veulent du bien*
Ss- *Je suis calme et détendu(e)*
Sb- *Je demeure maître(sse) de mon esprit en toutes circonstances*

3ème ronde longue

Pk- *Mes peurs ne sont que des pensées, et je peux changer mes pensées*
St- *L'univers dans lequel je me trouve est complet et parfait*
Ds- *Je me libère et je m'ouvre aux autres*
Co- *J'ose et je passe à l'action dans ma vie*
So- *J'aime rencontrer de nouvelles personnes et les gens aiment me rencontrer*
Sn- *L'univers déborde de merveilles et de personnes merveilleuses*

Cm- *J'ose enfin sortir de ma zone de confort*
Cl- *A présent, je me donne plus d'amour et plus d'encouragement*
Ss- *Je laisse aller tout ce qui n'a plus lieu d'être, je m'ouvre au monde extérieur*
Sb- *C'est de plus en plus facile pour moi d'entreprendre de nouvelles choses*

Terminez par le sommet de la tête :
St- *Je suis vraiment prêt(e) à me dépasser et à aller de l'avant*

Respirez profondément et buvez un peu d'eau.

Retrouvez ce défi en vidéo sur ma chaîne :

#41 La force est en vous, affirmations positives de Louise Hay

(Affirmations tirées du livre *La force est en vous,* aux Éditions Marabout)

Ce qu'ils en disent : « Gratitude à vous Flore. Vous avez transformé la vie de ma maman depuis le 1er juin 2017. Ce qui m'a permis de prendre mon envol »
Caroline, abonnée YouTube

1ère ronde longue

Pk- *Tout ce que j'ai besoin de savoir m'est révélé*
Pk- *Tout ce dont j'ai besoin vient à moi dans l'intervalle espace-temps idéal*
Pk- *La vie est joie et pleine d'amour*
St- *Je suis en excellente santé et débordant(e) d'énergie*
Ds- *Je suis digne d'amour, j'aime et je suis aimé(e)*
Co- *Je prospère dans tous les domaines*
So- *Je désire changer et grandir*
Sn- *Tout est pour le mieux dans mon monde*
Cm- *Je m'autorise à être comblé(e)*
Cl- *J'ai du mérite*
Ss- *Il m'est facile de changer*
Sb- *Je me suis affranchi(e) du passé*

Po- *Ma voie est désormais dégagée*
In- *Je libère maintenant facilement toutes mes vieilles croyances négatives*
Ma- *Je suis UN avec le pouvoir qui m'a créé(e)*
Au- *Je suis en sécurité*

2ème ronde longue

Pk- *Tout ce que j'ai besoin de savoir m'est révélé*
Pk- *Tout ce dont j'ai besoin vient à moi dans l'intervalle espace-temps idéal*
Pk- *La vie est joie et pleine d'amour*
St- *Tout va bien dans mon monde*
Ds- *Je souhaite pardonner à tous ceux qui ont pu me blesser*
Co- *Je me pardonne d'avoir blessé les autres*
So- *Je m'aime et je m'approuve*
Sn- *Je suis prêt(e) à laisser entrer l'amour*
Cm- *Je suis en sécurité pour laisser entrer l'amour*
Cl- *Ma carrière est un univers de joie, de rires et d'abondance*
Ss- *Je mérite désormais TOUT le bien*
Sb- *Je permets aux bonnes expériences de remplir ma vie*
Po- *Mes revenus augmentent sans cesse*
In- *Je vis et demeure dans la totalité des possibilités*
Ma- *Où je suis réside TOUT le bien*
Au- *La vie est merveilleuse*

3ème ronde

Pk- *Tout est parfait dans mon univers*
Pk- *Tout ce que j'ai besoin de savoir m'est révélé*

Pk- *Tout ce dont j'ai besoin vient à moi dans l'intervalle espace-temps idéal*
Pk- *La vie est joie et pleine d'amour*

Terminez par le sommet de la tête :
St- *J'avance toujours vers mon plus grand bien*

Respirez profondément et buvez un peu d'eau.

Retrouvez ce défi en vidéo sur ma chaîne :

#42 Guérir ses blessures avec Ho'oponopono

Le défi des contributeurs

Pour remercier les contributeurs d'avoir porté ce projet si haut lors de la campagne des précommandes sur le site Ulule (organisme de financement participatif), je me suis engagée à rajouter un défi pour compléter cet ouvrage. Il s'agit du défi collectif que nous avons effectué au mois de novembre 2020. J'ai trouvé sympa l'idée que vous puissiez l'avoir ici car, travaillant sur notre libération intérieure, il est différent de tous les autres défis. Pour plus d'information sur l'association du Ho'oponopono et des affirmations positives, vous pouvez vous référer au chapitre 3 de la 3ème partie du livre.

Avant de commencer :
Choisissez une situation de votre vie qui vous pose problème et pour laquelle vous souhaitez enclencher un travail de libération. Placez vos deux mains à plat au niveau du chakra du cœur (au centre de votre poitrine), fermez les yeux et créez une image mentale de la situation. Vous pouvez par exemple repenser à la dernière fois où vous l'avez vécue. Accueillez ce qui se présente : émotions, sensations et pensées, sans vous y accrocher.

Dans la pratique du Ho'oponopono, on s'adresse à notre être supérieur qui va, au travers du processus, effectuer la libération. On s'adresse aussi à la partie de nous qui souffre et qui porte les blessures. Plus largement, ces 4 phrases sont celles que l'on aurait aimé entendre de la part de chaque personne qui nous a un jour blessé(e).

Ce qu'ils en disent : « C'est fait, les 21 jours sont passés et je continue sur d'autres objectifs. C'est extraordinaire et très efficace. Je recommande cette méthode à tous mes amis, cinq minutes le matin, cinq minutes le soir, c'est si peu et tellement bénéfique. Merci Flore pour tant de générosité et d'amour partagé. Paix sur chacun d'entre vous.»
Catherine, abonnée YouTube

1ère ronde longue

Pk- *Je suis désolé(e), je ne savais pas ce qu'il y avait en moi*
Pk- *Toutes ces mémoires en moi qui ont créé ce problème dans ma vie, pardonne-moi s'il te plaît*
Pk- *Je suis désolé(e), pardonne-moi, merci, je t'aime (x2)*
St- *Ce qui est en moi et qui crée ce problème dans ma vie (citez la situation sur laquelle vous travaillez)*
Ds- *Je suis maintenant prêt(e) à le libérer, merci de me libérer*
Co- *Je t'aime, car tu es dans ma vie et que c'est une occasion de pouvoir me libérer*

So- *Me libérer de tous ces programmes inconscients, ces pensées erronées et ces énergies indésirables, pardonne-moi s'il te plaît*
Sn- *Je suis désolé(e), pardonne-moi, je ne savais pas que j'avais tout cela en moi*
Cm- *Merci de me libérer ici et maintenant, je t'aime*
Cl- *Je demande à mon être supérieur de supprimer toutes ces mémoires négatives*
Ss- *De libérer mon espace intérieur de ces mémoires erronées*
Sb- *Et de toutes ces mémoires limitantes, toutes ces souffrances et ces ressentiments*
Po- *Je suis désolé(e) de les avoir gardés si longtemps en moi, pardonne-moi s'il te plaît*
In- *Je suis désolé(e), pardonne-moi, merci, je t'aime (x2)*
Ma- *Que toutes ces mémoires puissent être nettoyées, purifiées, supprimées et transmutées en pure lumière*
Au- *Pour qu'ainsi je puisse accueillir l'inspiration et retrouver ma véritable identité*
Pg- *Je t'aime, je suis désolé(e), pardonne-moi, merci (x2)*

2ème ronde longue

Pk- *Je suis désolé(e), je ne savais pas ce qu'il y avait en moi*
Pk- *Toutes ces mémoires en moi qui ont créé ce problème dans ma vie, pardonne-moi s'il te plaît*
Pk- *Je suis désolé(e), pardonne-moi, merci, je t'aime (x2)*
St- *Je t'aime, je suis désolé(e), pardonne-moi s'il te plaît, merci (x2)*
Ds- *Je suis désolé(e), je ne sais pas ce qui est en moi et qui crée ce problème dans ma vie (citez la situation)*

Co- *Pardonne-moi d'avoir gardé si longtemps en moi tous ces programmes inconscients*
So- *Toutes ces pensées négatives et erronées au sujet de la vie, pardonne-moi*
Sn- *Je demande à mon âme de les supprimer définitivement de mon esprit subconscient*
Cm- *Je suis désolé(e), pardonne-moi, merci, je t'aime (x2)*
Cl- *Je t'aime parce que tu es dans ma vie et que tu fais partie de moi*
Ss- *Merci car, aujourd'hui, j'ai l'occasion de libérer mon espace intérieur de ces croyances erronées,*
Sb- *Que toutes ces énergies indésirables conscientes et inconscientes soient libérées dans la douceur*
Po- *Merci de me libérer ici et maintenant*
In- *Je lâche prise et je m'en remets à l'univers*
Ma- *Je suis sans attente et j'accueille l'inspiration*
Au- *Je t'aime, je suis désolé(e), pardonne-moi s'il te plaît, merci*
Pg- *Je suis désolé(e), pardonne-moi, merci, je t'aime (x2)*

Terminez par le sommet de la tête :
St- *Et je me libère maintenant et ceci est fait*

Respirez profondément et buvez un peu d'eau.

Retrouvez ce défi en vidéo sur ma chaîne :

Partie 3 :

ÉCRIVEZ VOTRE HISTOIRE, CRÉEZ VOS DÉFIS !

Chapitre 1 :
Mon défi avec les affirmations tirées du livre

Choisissez dans les différents protocoles proposés dans cet ouvrage des affirmations positives qui vibrent vraiment en vous. Prenez le temps pour relever celles qui résonnent parce qu'elles sont en parfait accord avec ce que vous voulez vivre, atteindre ou créer. En effet, il se peut que dans les différents protocoles certaines affirmations vous parlent et d'autres moins et c'est tout à fait normal.

Je vous propose ici de créer un protocole unique, un défi sur mesure juste pour vous. Plus les affirmations positives sonnent justes pour vous et plus ce sera facile de ressentir le positif et d'avoir du résultat ! Donnez un titre à votre défi et amusez-vous !

Pour plus de puissance

Pour donner encore plus de puissance aux protocoles, vous pourrez transformer les affirmations en « **afformations positives** » en rajoutant simplement le mot interrogatif « Pourquoi » au début de chaque phrase.

Pratiquer de cette façon apportera deux grands bénéfices :

- De manière générale, non seulement le fait de se poser une question enclenche les mécanismes du cerveau pour chercher la réponse, mais cela appelle aussi l'énergie de l'univers qui met tout en mouvement afin de nous apporter les réponses et les solutions.

- Cela permet d'éliminer toute opposition du mental qui ne peut s'opposer à une question.

Je crée mon défi sur mesure

Le titre de mon défi :

Le jour de départ :

Le jour de fin :

La confiance en moi au début du défi :
   / 10

La confiance en moi en fin de défi :
   / 10

Mon défi sur mesure

1ère ronde longue

Pk- à répéter 3x

St-

Ds-

Co-

So-

Sn-

Cm-

Mon défi sur mesure

Cl-

Ss-

Sb-

Po-

In-

Ma-

Au-

Mon défi sur mesure

2ème ronde longue

St-

Ds-

Co-

So-

Sn-

Cm-

Mon défi sur mesure

Cl-

Ss-

Sb-

Po-

In-

Ma-

Au-

Mes Notes

Chapitre 2 :
Mon défi et mes propres affirmations positives

La première chose dont vous ayez besoin est d'apprendre à rédiger vos affirmations positives. Le but ici est de créer vos propres affirmations, en accord avec ce que vous voulez vivre, créer, attirer, entreprendre mais surtout être. Vous êtes votre seule limite !

1.Votre affirmation doit comporter le pronom **JE + un verbe d'action**, dans la mesure du possible : ***"J'attire, J'obtiens, Je fais, Je crée, Je deviens, J'agis, Je passe à l'action…"***.

2.Ajoutez une formulation positive que vous prendrez soin de rédiger le plus simplement possible. Construisez des phrases courtes, claires et concises.

Quelques exemples d'affirmations positives :

- *J'attire LA CHANCE DANS MA VIE,*

- J'obtiens L'EMPLOI IDEAL POUR MOI,

- Je fais DE GRANDES CHOSES CHAQUE JOUR,

- Je crée MA VIE IDÉALE ICI ET MAINTENANT,

- J'agis CHAQUE JOUR DANS LA RÉALISATION

DE MES REVES, etc.

**Utilisez des mots à forte tonalité vibratoire qui vont immédiatement amplifier la vibration de vos affirmations positives :
MERVEILLEUX, EXTRAORDINAIRE, FABULEUX, MAGIQUE, EXCEPTIONNEL, FORMIDABLE, GÉNIAL, SENSATIONNEL...**

La seule règle pour que cela fonctionne : que ce que vous affirmez vous paraisse possible, accessible, selon vos convictions. Alors, soyez optimistes mais réalistes, sinon vous entrainerez l'opposition de votre esprit conscient.

Plus vos affirmations seront courtes, plus il vous sera facile de les mémoriser ensuite. Apprenez petit à petit à ressentir le positif de ce que vous affirmez.

Gardez à l'esprit que ce sont des graines que vous semez pour un futur plus positif.

Enfin, formulez vos affirmations dans un esprit positif, avec la conscience que chaque mot est créateur et qu'il possède sa propre vibration. Donc autant choisir les plus positifs possibles. Car, oui, votre parole est une véritable baguette magique !

Aide à la rédaction de vos affirmations positives

Voici une liste de verbes d'action ou de verbes dynamiques qui ont la particularité d'activer l'énergie de l'univers ou de vous maintenir dans une idée de mouvement. Vous pourrez les utiliser pour créer vos affirmations positives, vos formulations et autres demandes à l'univers. Il s'agit bien sûr de verbes à connotation positive !

Accueillir, attirer, avoir, acquérir, accroître, agrandir, apprendre, appliquer, animer, aménager, anticiper, arranger, adapter, acheter, améliorer, arrêter

Bâtir

C hoisir, commander, confier, cesser, concevoir, conclure, chercher, créer, construire, comprendre, conseiller, compter, classer,

D emander, dire, discuter, décider, définir, déléguer, découvrir, développer, diriger, devenir, déterminer

E tre, exprimer, économiser, enrichir, enchérir, étudier, établir, écouter, entendre, enseigner, effectuer, échanger, élargir, étendre, expérimenter, exploiter

F aire, fixer, fabriquer, faciliter, façonner, (se) focaliser, fonctionner, formuler, franchir, fructifier, fleurir

G uider, gérer, gouverner, gagner

H armoniser,

I nnover, inventer, imaginer, influencer

L ancer, lire, léguer,

O btenir, observer

P arler, partager, prospérer, préparer, planifier, prévoir, programmer, proposer, produire

R ecevoir, réaliser, rédiger, ranger, rechercher

S tructurer, sensibiliser, sélectionner

T rouver, transformer, tester, transmettre

V ivre, valoir, valoriser, véhiculer, vendre, vouloir, viser,

Maintenant, c'est à vous d'écrire votre histoire !

Je crée mon défi sur mesure

Le titre de mon défi :

Le jour de départ :

Le jour de fin :

La confiance en moi au début du défi :
   / 10

La confiance en moi en fin de défi :
   / 10

Mes Notes

Mon défi sur mesure

1ère ronde longue

Pk- à répéter 3x

St-

Ds-

Co-

So-

Sn-

Cm-

Mon défi sur mesure

Cl-

Ss-

Sb-

Po-

In-

Ma-

Au-

Mon défi sur mesure

2ème ronde longue

St-

Ds-

Co-

So-

Sn-

Cm-

Mon défi sur mesure

Cl-

Ss-

Sb-

Po-

In-

Ma-

Au-

Chapitre 3 :
EFT & Ho'oponopono

Ho'oponopono* est comme l'EFT un outil aux mille vertus et je vous propose ici de coupler les deux pour un processus détonnant !

L'objectif premier de ce protocole est de retrouver la paix intérieure et de se soustraire aux manipulations du mental. Il va vous permettre de dénouer et libérer les énergies contraires à votre bien-être intérieur.

Le cadeau de cet exercice est qu'il va aussi vous placer sur la fréquence d'une loi d'attraction positive. Car oui, Ho'oponopono nous aide à nettoyer nos vibrations erronées, c'est à dire de tout ce que nous portons en nous et qui est contraire à notre but : ce peut être nos croyances limitantes, nos chocs émotionnels non résolus, nos blessures intérieures, les programmes sur lesquels on a accepté d'établir notre vie. Ce sont toutes ces choses ancrées en nous inconsciemment mais qui nous empêchent de manifester la vie que nous voulons vraiment.

Exercice

Avant de commencer buvez un peu d'eau.
Assis, le dos bien droit et les pieds à plat sur le sol.
Fermez les yeux et prenez 3 respirations conscientes, lentes et profondes.
Placez vos deux mains à plat sur le chakra du cœur (l'espace au centre de votre poitrine).

Commencez votre ronde par le point karaté en répétant les 4 phrases qui constituent le mantra du Ho'oponopono « **Je t'aime, je suis désolé, pardonne-moi, merci** » ou « **Je suis désolé, pardonne-moi, merci, je t'aime** ». Effectuez la répétition à voix haute, dans l'ordre qui vous convient le mieux. Respirez profondément tout le long, en tapant sur l'ensemble des points, en ajoutant les points des mains si vous le souhaitez.

Gardez les yeux fermés pour être connecté à ce qui se passe en vous, aux images, aux émotions, aux sensations qui pourraient émerger. Si une émotion profonde survient, ouvrez les yeux et continuer de respirer en tapotant.

Effectuez plusieurs rondes, si vous en ressentez le besoin et buvez un peu d'eau entre chacune.

Mes Notes

Partie 4 :

POUR ALLER PLUS LOIN
Annexes & Exercices

Annexe 1 :
Les chakras

Le mot chakra signifie en sanskrit « roue d'énergie ». Les chakras sont des portes d'entrée et de sortie de l'énergie vitale dans le corps physique. Ils sont issus d'un système de croyances venant de l'hindouisme. Ils sont environ 88 000 répartis sur le corps humain, mais parmi eux **sept sont principalement importants.**

Chaque chakra va correspondre à une couleur, un sens, une fonction du corps, une note de musique, une glande hormonale ou encore un jour de la semaine. Ils sont situés le long de la colonne vertébrale et ils partent du bas vers le haut.

Le chakra racine étant la base sur laquelle on s'établit, il détient les souvenirs de notre enfance, nos systèmes de croyances et la totalité de nos mémoires. C'est le chakra racine qui se nourrit de l'énergie de la terre et qui va distribuer l'énergie vitale aux autres chakras dans le corps. Un dysfonctionnement dans ce chakra peut être responsable de beaucoup de déséquilibres. Le chakra coronal situé sur la tête, nous connecte lui avec les énergies cosmiques et célestes et nous ouvre les portes des plans supérieurs les plus élevés.

Lors de soins énergétiques, on travaille sur ces zones afin de libérer les énergies bloquées. Les chakras sont les réceptacles de nos souvenirs, de nos émotions, de nos blocages : tout ce qui n'est pas verbalisé et guérit va se bloquer dans nos chakras et venir s'imprimer dans le corps.

Pour simplifier, on peut comparer les chakras à des roues de voiture : si la roue ne fonctionne pas correctement, si la voiture n'avance pas ou mal, si les pneus sont sur ou sous-gonflés, le véhicule risque d'avoir des problèmes. Pour les chakras, c'est la même chose, s'ils ne tournent pas correctement ou s'ils sont en excès ou en carence d'énergie, le corps humain risque d'avoir des problèmes. Nous devons donc prendre soin de nos chakras.

Un soin énergétique permet de venir libérer les énergies bloquées, viciées, stagnantes, devenues inutiles et ralentissant fermement votre évolution. A l'image d'un jardinier qui, avant de semer des graines, va préparer son terrain, le soin énergétique permet un terrain plus propice à la création d'une vie plus positive sur le long terme.

Bien que les tapotements sur les points méridiens utilisés en EFT aillent aussi agir sur les chakras, notamment en apportant une énergie supplémentaire dans ces zones (voir l'illustration de l'annexe 2), nous devons prendre soin de nos chakras pour nous sentir bien dans tous les niveaux de notre être : mental, émotionnel et physique.

L'illustration qui suit vous permet d'identifier les différents chakras ainsi que la manière dont nous sommes reliés aux énergies du ciel et de la terre. Par nos pieds, en contact avec le sol, nous captons l'énergie de la terre, c'est-à-dire l'énergie Yin, à la polarité négative, passive, synonyme d'énergie féminine, nourricière et nécessaire au développement de la vie. Par le sommet de notre tête, nous sommes en connexion avec l'énergie cosmique des plans célestes, l'énergie Yang, qui est positive, masculine, active et génératrice de graines.

Tout être vivant possède une polarité positive ou négative selon son sexe, sachant que la polarité du sexe masculin est positive et la polarité du sexe féminin est négative. De même, chaque côté du corps possède sa polarité : le côté droit est le Yin, l'énergie négative donc, et le côté gauche, le Yang, l'énergie positive. Pour une bonne santé et vitalité, nous devons préserver en nous l'équilibre de ces deux énergies.

ENERGIE YANG (+)
Le Père
Dieu

CHAKRA CORONAL — SAHASRARA

CHAKRA TROISIÈME ŒIL — AJNA

CHAKRA DE LA GORGE — VISHUDDHA

CHAKRA DU CŒUR — ANAHATA

CHAKRA PLEXUS SOLAIRE — MANIPURA

CHAKRA SACRÉ — SVADHISTHANA

CHAKRA RACINE — MULADHARA

Côté Masculin
de l'action
YANG

Côté Féminin
du ressenti
YIN

Aura causale
Aura bouddhique
Aura éthérique
Aura astrale
Aura mentale
Aura émotionnelle
Aura physique

La Terre
La Mère
ENERGIE YIN (-)

Les 7 chakras

CHAKRA RACINE

Le premier chakra est le chakra racine, de couleur rouge.

Il est situé au niveau du périnée. Il est en résonance avec les glandes surrénales. Il est lié à la survie, l'argent, le travail, la sécurité physique, la vitalité et la volonté.

MULADHARA

Équilibre : vitalité et stabilité, sécurité et confiance, ancrage dans l'instant présent, relation harmonieuse avec la mère, le travail et l'argent, en capacité de se sentir abondant.

Déséquilibre : fatigue et épuisement, doutes, inquiétudes, peurs et angoisses, violence, insécurité, matérialisme, troubles de la libido, difficulté à concevoir un enfant, prise de poids, douleurs ou problèmes dans la partie inférieure du corps et au niveau des os.

Mantra : Lam
Action : « J'ai »
Huiles essentielles : basilic sacré, vétiver
Note : do
Pierres : jaspe rouge, tourmaline

CHAKRA SACRÉ

Le second chakra est le chakra sacré, de couleur orange.

SVADHISTHANA

Il est situé au-dessus du pubis, quelques centimètres sous le nombril. Il est en résonance avec les glandes sexuelles. Il est lié au plaisir à travers la nourriture, la sexualité, les sensations et les désirs.

Équilibre : autosuffisance, à l'aise avec son corps, relations intimes harmonieuses, sensualité, énergie créatrice, en capacité d'apprécier tout ce qui fait plaisir.

Déséquilibre : problème avec la nourriture ou avec la sexualité (en excès ou en absence), manque de ressenti, refoulement des émotions, hyperémotivité, infections urinaires, cystites, sciatiques.

Mantra : Vam
Action : « Je sens »
Huiles essentielles : ylang-ylang, bois de santal
Note : ré
Pierres : cornaline, calcite orange

Le troisième chakra est le chakra solaire, de couleur jaune.

CHAKRA PLEXUS SOLAIRE

Il est situé dans la zone du plexus, sur le haut du ventre. Il est en résonance avec le pancréas. Il est lié à la liberté, à la confiance en soi et au pouvoir personnel.

Équilibre : sentiment de liberté intérieure, capacité d'utiliser son pouvoir créateur, créatif et intellectuel, à oser être soi-même, à prendre sa juste place dans la vie et à rayonner librement.

MANIPURA

Déséquilibre : sentiment d'incapacité, besoin de se faire valoir auprès des autres, colères, rapport de force, contrôle des autres et des événements, résistances intérieures, sentiment de manque, culpabilité, attente, troubles de l'humeur, problèmes digestifs et gastriques, ulcères, constipation.

Mantra : Ram
Action : « Je peux »
Huiles essentielles : gingembre, citron
Note : mi
Pierres : œil de tigre, citrine

CHAKRA DU CŒUR

Le quatrième chakra est le chakra du cœur, de couleur vert.

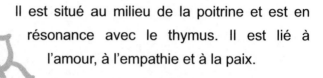

Il est situé au milieu de la poitrine et est en résonance avec le thymus. Il est lié à l'amour, à l'empathie et à la paix.

Équilibre : capacité d'aimer et de se sentir aimé, acceptation de soi et des autres, ouverture d'esprit, compassion, paix intérieure, dévouement et générosité.

ANAHATA

Déséquilibre : manque d'amour de soi, incapacité à se sentir aimable, vie sentimentale tourmentée et souffrante, relations problématiques, répétitions amoureuses chaotiques, problèmes cardiaques, angines de poitrine, troubles respiratoires.

Mantra : Yam
Action : « J'aime »
Huiles essentielles : rose, verveine
Note : fa
Pierres : quartz rose, aventurine verte

CHAKRA DE LA GORGE

Le cinquième chakra est le chakra de la gorge, de couleur bleu.

Il est situé à la base de la gorge. Il est en résonance avec la thyroïde et est lié à la communication, à la capacité d'exprimer ses émotions et sa créativité.

Équilibre : contact facile, expression aisée, honnête, créativité, acceptation de l'abondance, écoute et suivi de l'intuition, sentiment de guidance spirituelle, capacité à vivre l'instant.

VISHUDDHA

Déséquilibre : difficulté d'élocution, timidité, mensonge, manque d'expression créative, esprit trop cartésien, sentiment de ne pas mériter, difficulté à recevoir, problèmes avec la thyroïde, le cou, la gorge, les oreilles, le nez, les dents et les épaules.

Mantra : Ham
Action : « Je parle »
Huiles essentielles : laurier, menthes
Note : sol
Pierres : turquoise, cyanite

CHAKRA TROISIÈME ŒIL

Le sixième chakra est le chakra du 3ème œil (ou frontal), de couleur bleu foncé.

Il est situé au milieu du front, dans l'espace entre les sourcils. Il est en résonance avec l'hypophyse. Il est lié à la communication avec l'esprit, à la visualisation, la méditation, le mental.

AJNA

Équilibre : capacité à se connaître soi-même, conscience de la nature spirituelle, compréhension et acceptation des épreuves, discernement et lucidité, clairvoyance et intuition, pressentiments des choses, rêves prémonitoires, inspiration et réalisation de soi.

Déséquilibre : identification de soi dans les limites de son corps physique, esprit confus, charge mentale, tendance à ignorer les erreurs et les enseignements de nos expériences, sentiment de non-reconnaissance pour ce que l'on est vraiment, pour ce que l'on a, perception superficielle et pessimiste, paranoïa, dépression, anxiété, confusion mentale, problèmes de vision, épuisement du système nerveux, maux de têtes, étourdissement, migraines, troubles de la concentration, incapacité à se laisser aller et à lâcher-prise.

Mantra : Om
Action : « Je vois »
Huiles essentielles : romarin, sauge officinale

Note : La
Pierres : lapis-lazuli, sodalite

CHAKRA CORONAL

Le septième chakra est le chakra coronal, de couleur violette.

Il est situé au sommet de la tête, sur le point le plus haut. Il est en résonance avec la grande pinéale. Il est lié à la connaissance de soi en tant qu'âme, avec le fait d'avoir conscience que nous sommes énergie avant d'être notre corps physique. Il nous ouvre les portes de l'expérience de fusion et de connexion avec toute chose sur la Terre.

SAHASRARA

Equilibre : relation harmonieuse avec l'autorité, le père, Dieu, l'univers, conscience que la vie n'est pas un hasard, conscience des signes et des synchronicités*, sentiment d'être connecté à la conscience universelle.

Déséquilibre : difficulté avec l'autorité, conflit avec le père, manque de foi, scepticisme, résistance à la réalisation de ses possibilités, matérialisme, manque de sens à la vie, sentiment d'isolement, problèmes neurologiques, douleurs nerveuses, insomnies, dépression, maladie système immunitaire, migraines à répétition.

Mantra : Om
Action : « Je sais »
Huiles essentielles : lavande, encens Liban
Note : Si
Pierres : améthyste, amétrine

Comment prendre soin de ses chakras ?

J'ai bien conscience que tout le monde n'a pas les formations ou les connaissances nécessaires pour le faire. Il existe cependant, de petits moyens simples, à votre portée, pour que vous puissiez agir et prendre soin des vôtres ! Puisque chaque chakra correspond à une couleur, une note de musique, un mantra, des pierres ou des huiles essentielles, vous allez pouvoir agir avec la méthode qui vous inspirera le plus :

• **avec la lithothérapie*** : en fonction de leur couleur, les pierres vont correspondre aux différents chakras. Vous pouvez simplement poser les pierres correspondantes sur votre corps, au niveau de vos 7 chakras, ou sur un en particulier. Vous pouvez tout aussi bien porter un bracelet ou un autre bijou confectionné avec la pierre. Il existe d'ailleurs des bracelets en pierres pour les 7 chakras.

• **avec l'aromathérapie** : identifiez les huiles correspondantes aux chakras. Vous pouvez déposer une goutte d'huile essentielle sur le ou les chakras sur lesquels vous souhaitez travailler.

• **avec la chromothérapie***, en dirigeant un rayon lumineux de la couleur correspondante au niveau du ou des chakras. Vous pouvez aussi agir au quotidien en portant des vêtements de couleur, en ajoutant dans votre environnement un objet de couleur ou encore une lampe avec une ampoule de la couleur correspondante.

• **en récitant leurs mantras** : vous pouvez réciter les mantras associés aux chakras à voix haute, en inspirant profondément et, à l'expiration vous récitez le mantra que vous faites durer.
Exemple : Laaaaaaaaaaaaaammmmmmmm
Je vous conseille de réciter les 7 mantras tour à tour en commençant par le chakra racine pour remonter jusqu'au chakra coronal.

Vous devez aussi savoir que ce sont nos réactions, nos attitudes et notre mode de vie qui déstabilisent les chakras, ils ne se bloquent pas seuls. Gardez à l'esprit que vous ne pourrez pas ré-harmoniser un chakra sur le long terme si vous n'arrangez pas la cause du blocage (stress, mode de vie, mauvaises habitudes alimentaires, etc.).

Pour identifier le chakra déséquilibré en énergie, prenez le temps de lire le descriptif qui précède. Pour chacun des chakras, je vous indique les attitudes qui témoignent d'un équilibre et d'un déséquilibre. Une maladie, une pathologie, des douleurs localisées pourront vous donner une indication sur le ou les chakras qu'il serait nécessaire de nettoyer et de rééquilibrer.

L'EFT est un outil merveilleux qui vous permettra aussi de travailler sur la libération, le rechargement et l'équilibre de vos chakras. C'est ce que je vous propose de découvrir dans le prochain exercice.

EFT et chakras

Je vous propose ici de réaliser un exercice simple mais vraiment efficace pour harmoniser vos chakras et libérer les énergies qui pourraient être bloquées.

Exercice

Avant de commencer, buvez un peu d'eau.

Assis, le dos bien droit et les pieds à plat sur le sol, placez vos mains à plat au niveau du chakra du cœur (au centre de votre poitrine).

Fermez les yeux et prenez 3 respirations conscientes, lentes et profondes.

Tapotez le point karaté en répétant cette phrase 3 fois :

« Je demande à libérer et harmoniser les énergies dans mes 7 chakras ».
Puis tapotez sur les différents points : effectuez une ronde par chakra. Cela représente 7 rondes en tout pour un protocole complet (en ne traitant l'inversion psychologique avec le point karaté qu'une seule fois au début du protocole).

Lors de la première ronde, fermez les yeux et portez votre attention sur votre chakra racine, à la seconde sur le chakra sacré, puis le chakra solaire et ainsi de suite, pour finir la septième ronde sur le chakra coronal situé sur la tête.
Vous pouvez aussi renforcer les effets en visualisant la couleur associée au chakra !

Respirez profondément tout le long de l'exercice pour accompagner les libérations. Si vous baillez ou avez des renvois, si vous ressentez des douleurs ou des émotions, c'est le signe que les choses bougent en vous. Si pendant la réalisation du protocole, vous avez besoin de rester plus longtemps sur un point, faites-le. Si vous ressentez le besoin d'effectuer une ronde supplémentaire sur l'un des chakras, faites-le. Écoutez-vous.
À la fin, gardez les yeux fermés et restez un instant à l'écoute du corps. Revenez à une conscience plus extérieure et buvez de l'eau.

Vous pouvez effectuer ce protocole dès que vous vous sentez saturé et que vous avez besoin de renouveler vos énergies. Vous pouvez aussi choisir de le faire tous les jours sur une période donnée, sur 21 ou 28 jours, afin de réaliser une libération profonde de vos énergies.

Pratiquez afin de bénéficier des bienfaits de ce protocole qui est un véritable soin énergétique !

Annexe 2 : Points méridiens et circulation de l'énergie

Nous avons vu plus tôt que l'énergie circule dans l'organisme dans les méridiens. Dans la médecine traditionnelle chinoise, les méridiens sont des canaux situés le long du corps. Il existe 12 principaux méridiens bilatéraux. Ils sont tous associés à une grande fonction. :

• **Les méridiens YIN** (énergie à polarité négative) sont associés aux organes vitaux : cœur, poumons, reins, maître cœur, foie, rate et pancréas.

• **Les méridiens YANG** (énergie à polarité positive) sont associés aux entrailles : intestin grêle, vessie, vésicule biliaire, triple réchauffeur et gros intestin.

L'énergie circule dans le système énergétique corporel suivant un trajet bien précis, traversant les différents méridiens les uns après les autres et siégeant deux heures dans chacun. Un blocage dans notre circuit énergétique va entraîner des excès en énergie dans certains endroits et des vides dans d'autres.

Inversement, une énergie équitablement répartie dans le corps et qui circule librement est un gage de bonne santé et de résistance aux maladies. Les blocages énergétiques proviennent souvent de chocs émotionnels non-résolus, d'organes en insuffisance, comme le foie ou l'intestin après un traitement antibiotique ou toute autre prise de médicaments qui vont perturber et modifier le circuit énergétique.

Pour rétablir cet équilibre, on utilise les points méridiens (utilisés aussi en acupuncture ou acupressure). En EFT, on agit par tapotement sur les extrémités de ces méridiens (point d'entrée ou de sortie de l'énergie). Les tapotements sur les points (qui correspondent en fait à des sous-chakras (voir l'illustration sur la page suivante) vont relancer la circulation de l'énergie dans tout le méridien et rééquilibrer l'énergie générale de la personne, ce qui va l'aider à retrouver une bonne santé et de la vitalité.

Sur l'illustration qui suit, vous pouvez visualiser la circulation de l'énergie dans le corps, les différents points méridiens (appelés aussi sous-chakras car ce sont en fait des centres d'énergie) et leur lien avec les différents chakras. Les tapotements vont de manière générale stimuler la circulation de l'énergie dans l'ensemble de notre système énergétique corporel (au niveau des chakras, des sous chakras et des méridiens).

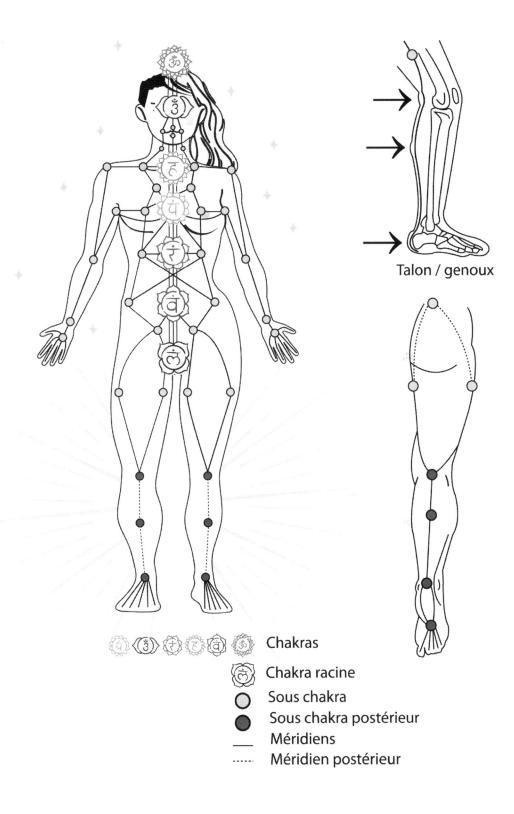

Annexe 3 :
Préparer sa séance EFT pas à pas

Prenez toujours un temps pour préparer votre séance en suivant cette méthodologie simple. C'est une étape indispensable pour travailler le plus efficacement possible. Vous aurez besoin d'une feuille et d'un stylo pour prendre des notes.

1) Choisir le sujet à travailler

Cela peut être un événement particulier, une douleur, une émotion, un souvenir ou une image récurrente qui revient en tête. Vous pouvez traiter tout ce qui peut être vecteur d'émotions désagréables.

Vous pouvez donner un titre à votre situation. Notez les mots, les pensées et les émotions qui vous viennent.
Déterminez quelle est l'émotion vécue la plus intense. Notez-la et passez à l'étape suivante. Exemple : l'angoisse au quotidien / la peur de l'échec / ma douleur au poignet / la dispute avec Paul / la mort de papa …

2) Évaluer l'intensité de votre ressenti

On évalue toujours l'intensité de l'émotion dans l'instant présent. Ce qui est important, c'est ce qui vous reste aujourd'hui et pas ce que vous avez ressenti le jour où le choc s'est produit. Pour faire votre évaluation, fermez les yeux et respirez profondément, accueillez la situation en créant dans votre esprit l'image la plus claire qui soit. Vous pouvez par exemple repenser à la dernière fois où vous avez été confronté à cette situation. Puis attribuez une note à l'intensité de cette émotion sur une échelle de 0 à 10.

En sachant que 0 = aucun ressenti et que 10 = l'intensité maximale.

0   1   2   3   4   5   6   7   8   9   10

o   o   o   o   o   o   o   o   o   o   o

Je vous conseille de construire des phrases simples. Ce qui est important, c'est qu'elle comporte l'émotion que vous ressentez et la formule d'acceptation qui pourra varier : « je m'aime et je m'accepte, je m'accepte complètement ou encore c'est ok pour moi. »

3) Construire la phrase pour lever l'IP

C'est cette phrase qui va vous permettre de traiter l'inversion psychologique, c'est à dire de remettre votre système énergétique en voie de fonctionner pour que la guérison puisse se faire.

C'est une phrase double qui va comporter l'énoncé du problème ou le titre donné à la situation ET une phrase d'acceptation de soi :

**Cette phrase commencera toujours par « Même si »
+ je ressens cette colère / tristesse / culpabilité… (prenez soin de citer l'émotion, de la nommer)   + phrase d'acceptation de soi.**

Exemple : même si je ressens de la tristesse depuis que Pierre est mort, je m'accepte complètement.

4) Traiter et lever l'inversion psychologique

C'est avec la phrase construite à l'étape précédente que vous allez commencer votre séance. Avant de commencer, buvez un peu d'eau. Lever l'inversion psychologique consiste à répéter la phrase 3 fois à voix haute, tout en tapotant sur le point karaté.

Dans cette étape, vous allez tapoter les différents points, toujours dans le même ordre. Restez une dizaine de secondes sur chacun des points en prononçant une phrase de rappel qui va permettre de continuer à connecter en vous les énergies bloquées et liées à votre problématique.

En travaillant seul en auto-guérison, c'est vous qui allez déterminer si vous effectuez une ronde courte ou des rondes plus longues en ajoutant les points des doigts.

Pensez à respirer profondément tout au long des séries de tapotements, notamment quand l'émotion s'intensifie pour accompagner la libération.

Annexe 4 :
Le déroulement d'une séance complète

L'EFT en méthode de libération émotionnelle

Pour travailler sur nos blessures émotionnelles en profondeur, la recette de base de l'EFT est un outil qui vous sera d'une aide précieuse. Elle comporte 2 rondes d'EFT dans lesquelles viennent s'intégrer la gamme des 9 actions, étape qui permettra de débloquer l'énergie de manière plus radicale.

Une ronde courte stimulera 9 points, alors qu'une ronde longue stimulera 14 points (les points principaux + les points de la main). On utilisera la ronde longue dans le cas où l'intensité du problème ne diminue pas malgré plusieurs rondes courtes successives. Bien que la méthode simplifiée de l'EFT suffise à traiter la plupart de vos problèmes, la recette de base complète pourrait s'avérer d'un grand secours si des situations que vous souhaitez changer devaient persister dans votre vie !

L'avantage de travailler avec cette recette de base complète, est que l'on pourra aborder et traiter aussi TOUS les aspects d'une même situation et ainsi désactiver l'ensemble des charges émotionnelles associées au problème et connectées entre elles *(en traitant chaque aspect un par un).*

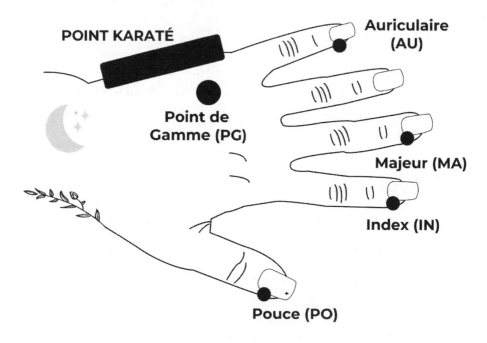

Une séance complète d'EFT de libération émotionnelle comporte **les six étapes suivantes :**

1) Définir précisément votre problème

Choisissez la situation que vous souhaitez traiter. Cette étape implique de disséquer le problème, de comprendre quelle émotion se manifeste en vous, ce qui la déclenche ainsi que l'attitude ou le comportement qui découle de cette émotion.

C'est l'étape la plus importante, car elle implique de prendre en compte TOUS les détails qui nous dérangent pour cette situation.

Pour vous aider, posez-vous les questions suivantes et répondez-y par écrit. Ce sont ces réponses qui vont vous indiquer les différents aspects que vous aurez à traiter ensuite pour vous libérer.

Quel est mon problème ?
Quelle situation souhaitez-vous libérer ? Quelles sont les conséquences de cette situation sur votre vie ?

Qu'est-ce que je ressens comme émotion face à mon problème ? Ou comment puis-je décrire ma douleur ?
Il peut y en avoir une seule ou plusieurs, notez-les. Une émotion en cache souvent une autre. Vous pourrez ressentir de la colère au départ puis, après une ronde ou deux, cette émotion se dissipera pour laisser place à de la tristesse par exemple. Vous traiterez au fur à mesure ce qui remonte.

Quelles sont les sensations physiques associées à l'émotion ? Ou aussi : où se trouve cette douleur ?

Localisez la sensation dans votre corps : est-ce que c'est la gorge qui se serre ? Un poids au niveau plexus ? Le ventre noué ? Des tremblements ? Une sensation de chaud ou de froid ? Une douleur ? Etc.

2) Évaluer l'intensité de votre ressenti face au problème

Évaluer au départ l'intensité de votre émotion va vous permettre de suivre votre évolution au fil des rondes. Attribuez une note à l'intensité de cette émotion sur une échelle de 0 à 10. En sachant que 0 = aucun ressenti et que 10 = l'intensité maximale.

On vous demande ici, de mesurer l'intensité de votre ressenti quant à la situation ICI et MAINTENANT : c'est ce que vous ressentez à cet instant qui compte, non pas ce que vous avez ressenti le jour où l'événement s'est produit.

COMMENT FAIRE ?

Avant de commencer la séance, vous allez vous connecter à la situation. Pour cela, fermez les yeux et effectuez 3 respirations conscientes, lentes et profondes, et faites le vide en vous. **Placez vos mains sur le cœur et demandez à vous connecter à l'énergie du cœur.** Puis pensez à la situation en vous en créant une image mentale claire. Évaluez alors votre ressenti. Ne réfléchissez pas trop quant au chiffre. Si vous bloquez, notez le premier chiffre qui vient.

3) Traiter l'inversion psychologique en tapotant le point karaté

Ce que l'on appelle en EFT **l'inversion psychologique (ou inversion de polarité) est en fait un blocage d'énergie dans le système énergétique corporel. L'objectif va être d'affirmer une vérité qui nous pose problème et de choisir de s'accepter malgré (ou avec) cela dans notre vie. Le problème en question sera remplacé par la description précise de votre ressenti.**

Pour construire votre phrase qui servira à lever l'inversion psychologique, procédez de cette façon :

« **Même si** + je ressens cette peur face à … OU cette (émotion) colère envers X parce ce … / je ressens cette douleur/ brûlure dans la hanche droite, **je m'aime et je m'accepte (malgré ça).** »

C'est la phrase à répéter 3 fois à haute voix tout en stimulant le point karaté, qui est situé sur le tranchant de la main.

Je vous conseille de prononcer les phrases à haute voix afin de faire résonner les mots dans vos différents corps et vous permettre aussi de vous entendre. Ce moment offre un espace de verbalisation sur ce que l'on ressent.

Je sais qu'il peut être parfois difficile d'affirmer « Je m'aime et je m'accepte » et de le ressentir vraiment. Sachez que cela fonctionne même si vous ne le ressentez pas ! Vous pouvez simplement le dire. Si toutefois c'était impossible pour vous pour le moment, vous pouvez travailler avec une formule du type : ***Je m'accepte tel(le) que je suis / Je m'ouvre à la possibilité de m'aimer et de m'accepter / Je choisis de m'aimer et de m'accepter...***

4) Procéder à la série de tapotements sur les autres points

Stimulez une dizaine de fois chacun des points, en commençant par le sommet de tête et en affirmant à voix haute une courte phrase de rappel évoquant le problème à traiter (cette douleur au bras, cette colère, cette peur, cette tristesse ...)

Exemple de ronde de tapotements :
(Adaptez les phrases en fonction de votre situation, deux ou trois mots suffisent comme phrase de rappel.)

Sommet de la tête : cette peur OU émotion OU douleur
Début du sourcil : encore cette peur
Coin de l'œil : toute cette peur
Sous l'œil : cette peur
Sous le nez : encore toute cette peur
Creux du menton : cette peur

Sous la clavicule : cette peur en moi
Sous le sein : toute cette peur
Sous le bras : cette peur

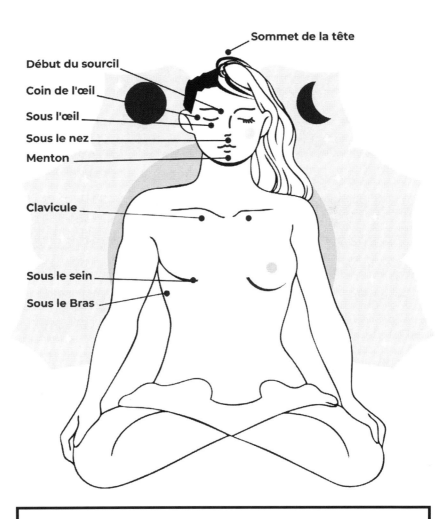

Les points sont bilatéraux : on les retrouve de chaque côté du corps et on peut choisir de tapoter des deux côtés simultanément !

Si vous faites le choix d'une ronde longue, passez sur les points de la main, en continuant de la même manière avec une phrase de rappel pour chaque point. De manière générale, une ronde de tapotements dure 1 à 2 minutes au maximum.

5) Réaliser la gamme des 9 actions

Elle est peu répandue mais tellement efficace ! La gamme des 9 actions permet de débloquer de manière considérable l'énergie. Les actions effectuées vont venir connecter et équilibrer les parties droite et gauche du cerveau et les stimuler simultanément pour la recherche de solutions. Il faut savoir que les deux parties du cerveau ne travaillent pas toujours ensemble, mais le fait de chanter par exemple va les pousser à se connecter et à s'accorder : l'hémisphère droit préposé à la musique et le gauche au langage, donc aux paroles.

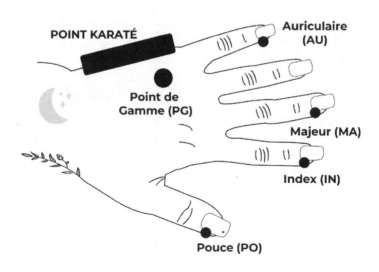

Stimulez le point de gamme situé sur le dessus de la main, effectuez une à une les actions qui suivent, tout en tapotant légèrement le point de gamme avec deux ou trois doigts.

Attention, la tête doit rester fixe pendant l'exercice, ce sont les yeux qui effectuent les mouvements.

1. Fermez les yeux.
2. Ouvrez les yeux.
3. Sans bouger la tête, regardez en bas à droite.
4. Sans bouger la tête, regardez en bas à gauche.
5. Faites tourner les yeux dans le sens des aiguilles d'une montre.
6. Faites tourner les yeux dans le sens inverse des aiguilles d'une montre.
7. Chantez une chanson (3 ou 4 phrases)
8. Comptez de 1 à 10
9. Chantez une autre chanson (3 ou 4 phrases)

6) Procéder à une nouvelle série de tapotements sur les autres points

Répétez la 4ème étape en effectuant une ronde de tapotements sans traiter l'inversion psychologique.

Fin de la séance

Procédez à 3 respirations conscientes (ou plus selon vos besoins), lentes et profondes, pour faire circuler l'énergie en vous et la laisser s'intégrer. Prenez un instant pour rester dans votre ressenti. Soyez juste dans l'observation de ce qui est, de ce qu'il se passe physiologiquement en vous. Soyez dans votre corps, ici et maintenant. Prenez tout le temps dont vous avez besoin pour revenir à vous. Buvez un peu d'eau.

Répétez le processus pour ramener votre ressenti à 0.

Évaluez à nouveau votre ressenti en vous connectant au problème. Notez ce qu'il reste. Si votre ressenti est à 0, alors votre émotion est résolue. Voyez si d'autres émotions persistent pour cette même situation et traitez-les une par une, comme vous venez de le faire.

Ramener son émotion à 0

Pour ramener votre émotion à zéro, répétez le processus à partir de l'étape 3.

Demandez-vous avant chaque nouvelle ronde : « **Qu'est ce qui me dérange encore dans cette situation ?** » Avec la réponse, construisez une nouvelle phrase pour lever l'inversion psychologique qui reprendra le nouvel aspect de votre problème (« **Même si … Je m'aime et je m'accepte** »). Continuez ainsi de suite jusqu'à ce que votre ressenti soit revenu à zéro, ici et maintenant.

Si, au fil des rondes, l'intensité venait à augmenter, c'est que votre problème comporte d'autres aspects. La colère peut-être le problème, le ressenti physique un aspect, les pensées que vous entretenez par rapport à cela encore un autre aspect, la durée depuis laquelle vous avez cette colère et ainsi de suite. Il n'est pas rare que quand on abat un arbre (une émotion), ce soit toute une forêt qui apparaisse ensuite. Si vous étiez dans ce cas, je vous invite vivement à vous rapprocher d'un(e) praticien(ne) qualifié(e) qui pourra vous accompagner.

Notez que, si vous avez plusieurs peurs (ou autres émotions) qui se chevauchent, il vous faut les traiter une à une. Vous prendrez soin de traiter d'abord les peurs les plus fortes et vous verrez que toutes les autres émotions perdront en intensité.

Annexe 5 :
Se libérer des charges émotionnelles

Ce protocole simplifié va vous permettre de travailler sur toutes les situations de vos vies, actuelles ou passées. Vous allez pouvoir soulager tout ce qui génère en vous quelque chose de négatif, qui vous maintient dans la souffrance et dans le ressentiment. Vous travaillerez ici avec un événement, une scène, un souvenir. Vous pourrez l'appliquer pour vos traumatismes, vos souvenirs émotionnels encore intenses et tout ce qui a laissé une empreinte désagréable.

Le travail sur les souvenirs est un très bon moyen pour décharger l'intensité générale des émotions encore actives en nous malgré le temps qui passe. Le travail de verbalisation et de détail des événements, qui est une étape toujours difficile, n'est pas nécessaire ici pour obtenir un soulagement.

Il sera bien sûr indispensable ensuite pour une libération complète de travailler un à un les différents aspects qui continuent d'alimenter cette situation. Ce seront ces choses qui continueront peut-être de vous déranger ensuite, malgré cet exercice.

Dans ce cas, je vous conseille d'utiliser la séance complète proposée à l'annexe 4).

Vous aurez besoin d'une feuille, d'un stylo et d'un peu d'eau pour vous hydrater.

1) Identifier précisément votre problème

Il s'agit ici de travailler avec les images qui sont ancrées en vous : pensez à l'événement difficile que vous avez vécu et identifiez l'image la plus intense en émotion.
Donnez un titre à votre image et notez-le.

<u>Exemple :</u> ma blessure d'enfance

Vous pouvez choisir de travailler sur ce que vous voulez : émotions, insomnies, douleur, etc. Peu importe ce que vous choisirez, cherchez en vous l'image la plus forte associée à votre problème, cela peut-être le pire moment vécu pour vous, pour cette situation.

2) Évaluer l'intensité de votre ressenti ici et maintenant

J'insiste sur « ici et maintenant », **ce qui compte, c'est l'émotion présente aujourd'hui, quand vous vous reconnectez à votre souvenir.**

Demandez-vous ce que vous ressentez en regardant cette image et évaluez l'intensité de votre ressenti émotionnel sur une échelle de 0 à 10.

Pour cela, fermez les yeux, faites monter l'image en vous et ressentez ce qui se passe dans votre corps : tension, brûlures, nœuds, douleurs, émotions, larmes, etc.

Plus ce que vous ressentez est fort, plus la note de l'intensité sera élevée (0 = je ne ressens aucune émotion – 10 = l'émotion ressentie est au maximum).

Cette étape du processus est indispensable pour voir comment les choses vont bouger en vous au fil des rondes (rappel : une ronde est une série de tapotements sur l'ensemble des points).

A côté du titre de votre souvenir, indiquez l'intensité de départ.
Exemple : ma blessure d'enfance – 7/10

3) Lever l'inversion psychologique en tapotant le point karaté

Voir les annexes 3 et 4 pour construire votre phrase qui sera répétée 3 fois à voix haute.

4) Procéder à une série de tapotements sur les autres points

Les tapotements sur l'ensemble des autres points vont se faire les yeux fermés et en silence. Restez le temps dont vous avez besoin sur chaque point et respirez profondément en faisant défiler les images en lien avec la situation, tout en respirant profondément.

Si des émotions se présentent, accueillez-les, laissez-les s'exprimer, autoriser vous à lâcher ce qui se libère. Continuez de tapoter tout le long du mouvement de l'émotion pour accompagner la libération. Pendant une séance de libération émotionnelle, l'émotion monte et redescend plusieurs fois avant de se dissiper.

Effectuez une ronde de tapotement. Buvez un peu d'eau et évaluez à nouveau votre ressenti dans l'instant présent.
Effectuez une nouvelle ronde de la même façon.
Buvez un peu d'eau et évaluez ce qui reste en intensité.
Continuez jusqu'à ce que votre ressenti de départ soit revenu à zéro.

Il est possible qu'après une séance vous vous sentiez très fatigué ou un peu sonné : pensez à bien vous hydrater les heures et les jours qui suivent et à vous placer à l'écoute du corps. Au besoin, octroyez-vous de courts temps de repos.

Les outils que je partage dans cet ouvrage sont des protocoles puissants qui vous permettront, si vous êtes prêt, de vous libérer de vos chaînes !

Annexe 6 :
L'ouverture du chakra du cœur

    Le chakra du cœur régit notre vie relationnelle : de son ouverture ou de ses blocages dépendent notre capacité à donner et à recevoir de l'amour. Il est aussi le siège de l'amour inconditionnel. Tout au long de notre vie, notre chakra du cœur est soumis à rude épreuve : peines de cœur, séparation, perte d'un être cher, tristesse, chagrin etc.

    Pour éviter de souffrir et de ressentir trop intensément, pour nous protéger, nous allons bloquer cette zone et « fermer notre cœur » : il devient alors difficile d'aimer inconditionnellement et de se laisser aimer. Un chakra du cœur bloqué ou déséquilibré va aussi nous enfermer dans la rancœur et les rancunes.

    Lors de mes séances, je réalise à quel point chacun a besoin de faire un travail sur son chakra du cœur. Cet exercice a pour but de vous aider à rouvrir votre cœur pour être à nouveau connecté à la vibration de l'amour, pour être capable de le donner et de le recevoir, mais aussi de vous aider à évacuer toutes les énergies stagnantes, bloquées et inutiles qui se sont accumulés dans cette zone depuis le début de votre vie.

L'ouverture du chakra du cœur se fait par la libération des énergies bloquées, viciées et stagnantes et entraine souvent une puissante phase de libération émotionnelle pendant laquelle nos émotions enfouies vont remonter pour être libérées. Pendant cette phase, nous allons purger les énergies et nous permettre ensuite de ressentir à nouveau.

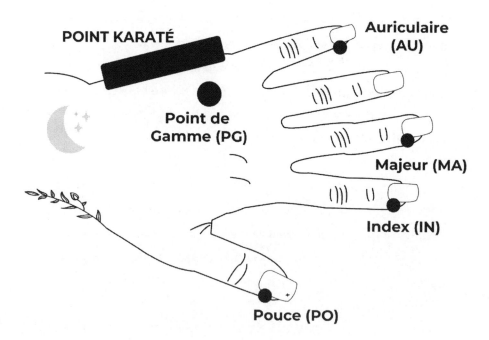

Exercice

Installez-vous, les pieds bien à plat sur le sol, le dos droit et les mains placées sur le chakra du cœur, au milieu de la poitrine.

Effectuez 3 respirations conscientes et fermez les yeux.

Tapotez sur le point de gamme en maintenant votre attention au centre de votre poitrine.

Accueillez tout ce qui vient (pensées, émotions, images) sans vous y accrocher et continuez de tapoter en respirant profondément. Recentrez votre attention au niveau de votre chakra du cœur.

Si vous ressentez de vives émotions, laissez-les sortir et ouvrez les yeux en continuant de tapoter.

Réalisez 3 cycles de tapotement sur l'ensemble des points de 3 minutes. Faites une pause entre chaque cycle et buvez un peu d'eau.

A la fin du protocole, respirez profondément. Placez-vous à l'écoute du corps et de ses ressentis.

Alors, comment vous sentez-vous ?

Annexe 7 :
L'EFT et les enfants

Un outil pour le quotidien

L'EFT offre aussi de très bons résultats pour les enfants, même chez les plus petits. Les séances sont bien sûr adaptées pour que vous puissiez le faire pratiquer à vos enfants à la maison.

Dans ce cas, nous parlerons de « points magiques » situés sur le corps, en expliquant qu'ils ont le pouvoir de faire partir la tristesse, la colère ou la peur si on tapote dessus. L'intensité des émotions pourra être mesurée avec les mains : « Montre-moi avec les mains comment ta colère est grande » On va aussi utiliser un nounours, une peluche ou une poupée sur lequel ou laquelle on aura dessiné les points au feutre sur un seul côté (les enfants ne tapoteront que d'un seul côté).

Mon fils Noé, qui a 20 mois, utilise une peluche de Tchoupi qui me servait en séance pour accompagner les plus petits. Après avoir vécu quelques événements ayant laissé des empreintes émotionnelles et des souvenirs dont il parlait fréquemment (la peur du chien qui aboie, la perte du nounours au magasin, le copain qui l'a tapé), j'ai eu l'idée de lui proposer de tapoter, pour qu'il puisse décharger ses émotions.

Comme il me voit faire et tapoter au quotidien, c'est aussi quelque chose qui lui est familier et il s'amuse même à répéter en tapotant sur sa poitrine. Je lui ai donc expliqué que, quand il a peur, qu'il est triste ou en colère, il peut tapoter sur Tchoupi : il s'est immédiatement mis à tapoter sur la tête, pour me montrer qu'il avait bien compris. Bien sûr, il faut l'encourager en lui montrant l'exemple.

Je vous conseille de prendre un moment le soir avant le coucher, chaque jour pour aider votre enfant à se décharger émotionnellement. Vous pouvez créer un rituel de retour au calme sur le canapé ou dans la chambre de votre enfant, rituel pendant lequel il tapotera sur la peluche en vous racontant sa journée. Vous revenez sur les moments difficiles s'il y en a eu, mais aussi sur les bons moments pour les renforcer.

S'il est trop petit pour verbaliser, c'est à vous de mettre des mots pour l'aider : racontez l'histoire et refaites le déroulement de la situation ; ainsi l'enfant pourra s'il le souhaite ajouter des mots, des sons ou des balbutiements pour compléter ou reprendre vos mots.

Les enfants n'ont pas le même mental que nous et n'opposent donc aucune résistance à se libérer de leurs émotions, c'est l'une des raisons qui fait que l'EFT fonctionne vraiment bien pour eux ! Vous verrez que c'est l'affaire de quelques minutes à peine !

Vous pourrez donc les accompagner très tôt de la même façon en proposant de verbaliser simplement et en tapotant sur une peluche ou un nounours sur lequel vous aurez dessiné les points.

Pour les personnes les plus à l'aise, vous pourrez même construire une petite séance pour votre enfant en vous aidant de la méthodologie présents en annexe 3 - *Préparer sa séance pas à pas*.

L'intensité du ressenti de l'émotion sera toujours mesurée avec les mains. Le vocabulaire sera lui aussi adapté : « je suis un petit garçon génial / je suis une petite fille super chouette » remplaceront « je m'aime et je m'accepte ». Idéalement, pour cette phrase, on pourra demander à l'enfant ce qu'il dit quand il est fier ou quand il est content de lui et ensuite reprendre ses mots.
Exemple : « Même si je suis triste à cause de…, je suis quand même génial ».

Une séance avec un enfant doit rester courte et sous la forme du jeu. Ne forcez jamais votre enfant à tapoter s'il n'en a pas envie, il est important à tout âge de prendre en considération ses avis et de respecter ses choix.

En plus d'avoir eu le privilège d'accompagner quelques enfants entre 5 et 8 ans, j'ai aussi eu la chance de pratiquer l'EFT avec des ados et des pré-ados avec qui il est parfois possible d'obtenir des résultats extraordinaires !

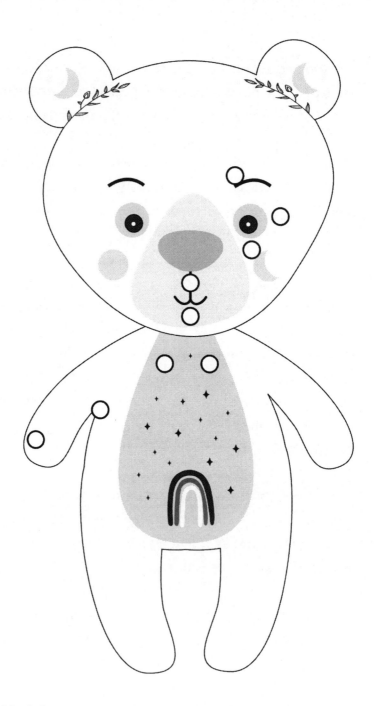

Choisissez une peluche et dessinez simplement les points au feutre sur un seul côté !

C'est ainsi que j'ai accompagné un adolescent qui manquait de confiance en lui en raison de sa dyslexie et de sa dysorthographie. Une séance a suffi à semer une graine et a réveillé en lui une passion pour la cuisine : d'un jeune homme perdu face à son futur, il est devenu confiant en lui et en son avenir.

Il est toutefois nécessaire que les ados soient prêts à vouloir aller de l'avant pour que l'EFT puisse vraiment leur apporter quelque chose. Si votre ado refuse alors que vous pensez que ce serait bon pour lui, ne le forcez pas : s'il n'est pas volontaire, cela ne peut pas fonctionner. Dans ces cas-là, à vous de faire un travail sur vous pour lâcher prise !

Je vous recommande deux ouvrages qui pourront vous aider à accompagner votre enfant et à aborder la méthode avec lui : *Valentin et les points magiques* de Valérie Broni et *Le petit Tapping* de Geneviève Gagos.

À vous de le proposer, d'essayer et surtout, de faire votre propre expérience avec vos enfants !

Annexe 8 : Glossaire

La bioénergétique (ou bioénergie) : il 's'agit d'une méthode de soins énergétiques, synthèse de différents enseignements et pratiques, qui permet d'identifier et de libérer l'origine de nos maux, qu'ils soient physiques ou émotionnels. Un de ses grands principes est que toute perturbation existe d'abord dans notre énergie. Identifier les causes des dysfonctionnements et les libérer permet au corps de retrouver son équilibre.

La chromothérapie : c'est l'utilisation de l'énergie des couleurs dans les soins énergétiques. Chaque couleur possède sa propre fréquence vibratoire qui va agir sur le corps. Sur le plan énergétique, chaque chakra est en résonance avec une couleur qui lui est spécifique. En utilisant la couleur associée, on va pouvoir le stimuler, libérer les blocages et harmoniser le chakra : rouge pour le chakra racine, orange pour le chakra sacré, jaune ou doré pour le chakra solaire etc.).

L'EMDR : ce sigle signifie Eye Movement Desensitization and Reprocessing (désensibilisation et retraitement par les mouvements oculaires en français). C'est une thérapie qui consiste à suivre des yeux les doigts du thérapeute qui passent de droite à gauche. L'EMDR stimule un mécanisme neuropsychologique complexe présent en chacun de nous et qui va permettre de retraiter des vécus traumatiques non digérés à l'origine de divers symptômes. Cette méthode est connue pour son efficacité dans le trouble de stress post-traumatique (TSPT).

Ho'oponopono : c'est une méthode de réconciliation et de pardon qui nous apprend qu'en modifiant nos pensées, il est possible de modifier notre santé et notre environnement. C'est un processus ancestral utilisé depuis très longtemps donc à Hawaii afin de résoudre les conflits dans les tribus. Il était auparavant transmis oralement. Dans les années 80, une chamane hawaïenne, Morrnah Simeona, a repris les fondements du Ho'oponopono pour le transformer en outil individuel afin que chacun puisse nettoyer et supprimer ses mémoires erronées (la méthode ancestrale se pratiquait en rite, avec la présence de tous les membres des clans des personnes concernées).

Ho'oponopono traduit toute difficulté dans notre vie par l'existence première d'une mémoire en nous. Ho'oponopono nous permet de pacifier nos conflits internes pour ensuite aussi apporter un peu plus de paix dans notre vie. Ho'oponopono consiste en partie en la répétition de quatre éléments : « Je t'aime, je suis désolé, pardon, merci ». Ces quatre composantes activent les plus grandes lois de l'univers : la loi de l'amour qui transmute, la loi de la responsabilité qui élève, la loi du pardon qui guérit et la loi de la gratitude qui élève.

La lithothérapie : il s'agit d'une méthode naturelle de soin qui utilise l'énergie des pierres (précieuses et semi-précieuses) pour équilibrer et harmoniser le corps et les chakras à des fins thérapeutiques. Selon sa couleur, sa composition, son origine ou encore sa forme, chaque pierre a des propriétés et vertus bienfaisantes qui lui sont propres. Certaines pierres vont stimuler les chakras (les plus connues sont certainement l'améthyste pour le chakra coronal et le quartz rose pour le chakra du cœur), d'autres vont absorber les énergies négatives (labradorite ou les moquis) ou jouer un rôle de protection des énergies nuisibles (l'œil de tigre, l'obsidienne ou la tourmaline)

Le magnétisme : c'est une méthode de soin énergétique qui se fait par l'imposition des mains, des yeux et/ou du souffle. Le magnétiseur pose les mains sur la zone à traiter et la recharge en énergie, effectue des « passes » avec les mains au-dessus du corps qui vont libérer les énergies négatives. Le magnétisme est souvent qualifié de « don » alors que nous avons tous du magnétisme. Bien sûr, tout le monde n'est pas fait pour soigner les autres, mais nous pouvons aussi et surtout travailler sur nous-mêmes.

Les mémoires : ce sont des programmations inconscientes que nous portons en nous et qui ont une incidence négative sur ce que nous vivons. On parle de mémoire bloquante pour parler d'un blocage, d'un nœud énergétique qui freine notre évolution. Nous portons tous des millions de mémoires issues de nos ancêtres, de notre famille, de nos vies antérieures, de la vie dans le ventre de notre mère, de notre enfance et de notre vie d'adulte. Une mémoire se crée lorsqu'un choc émotionnel n'est pas accepté, accueilli, ou qu'il est vécu si intensément que nous ne sommes pas en mesure d'intégrer ce dont nous faisons l'expérience. Ces mémoires sont comme des virus qui ralentissent notre évolution. Quand nous n'évoluons pas comme nous le voulons, c'est que nous avons des mémoires actives et cristallisées en nous. On parle de mémoire cristallisée pour indiquer qu'un schéma émotionnel inconscient se rejoue en nous. Cela se traduit dans notre réalité par le fait d'attirer toujours le même type de personnes et vivre le même type de blessures. Ces répétitions sont là pour nous rappeler notre blessure initiale et nous permettre de la libérer (par exemple l'abandon vécu ou ressenti dans l'enfance) En libérant le poids de ces mémoires, nous nous offrons la possibilité de créer un nouveau futur.

Pour travailler sur ces mémoires, je propose une collection de de petits livres de soins énergétiques : *Libération énergétique avec Ho'oponopono* qui comporte déjà 8 livres et d'autres sont à venir. Ils sont disponibles sur Amazon et sur mon site florepower.com.

Médecine Traditionnelle Chinoise (MTC) : elle est vieille de 5000 ans et est officiellement reconnue en tant que médecine conventionnelle. L'acupuncture a fait son entrée dans les hôpitaux et j'ai moi-même pu en bénéficier dans le cadre de la préparation à la naissance de mon fils Noé. La MTC nous enseigne que l'énergie vitale circule dans le corps en suivant un parcours bien précis afin d'alimenter tous les organes et toutes les régions du corps (comme en EFT qui prend ses racines dans la MTC). Dans cette pratique, une bonne circulation de l'énergie est la clé de la santé.

Reiki : le mot Reiki vient de « rei » qui signifie « esprit » et de « ki » qui veut dire « énergie universelle ». Il traduit l'esprit inhérent à l'énergie universelle à la base de toutes formes de vie. Bien que cette méthode de soin soit très ancienne, on doit le Reiki moderne à Mikao Usui à la fin du 19ème siècle. Dans sa pratique, le Reiki utilise l'imposition des mains et de symboles de guérison pour relancer et harmoniser la circulation de l'énergie dans le corps. Le but du Reiki est d'apporter un soulagement, un plus grand calme et un bien-être. C'est une technique de soins simple et efficace même si elle ne permet pas en mon sens d'apporter une solution à tous les troubles énergétiques. Par exemple, le Reiki libère les énergies négatives mais ne libère pas les causes et l'origine de nos maux (ce que la bioénergétique permet). Les formations au Reiki entrainent un travail personnel d'auto-guérison d'au moins 21 jours.

Synchronicité : on doit l'origine de ce mot à Carl Gustav Jung, psychiatre ayant développé la psychologie analytique. La synchronicité est l'occurrence simultanée d'au moins deux événements qui ne présentent pas de lien de causalité, mais dont l'association prend un sens pour la personne qui les perçoit. La synchronicité est toujours une réponse à une interrogation, à un cheminement, à un état d'esprit. C'est toujours en lien avec ce que nous vivons, mais cela n'a de sens véritablement que pour soi. Quand j'étais enceinte, la vie a déposé sur mon chemin plusieurs signes concrets : une sucette placée ici, un doudou perdu au milieu d'une route et je tombais régulièrement sur des articles autour de la grossesse.

<u>Exemples de synchronicités</u> : trouver un livre qui nous apporte précisément la réponse à une question, avoir une prise de conscience et tomber sur un post qui reprend ses termes, avoir une chanson dans la tête et allumer la radio au moment même où elle passe, entendre une conversation qui répond à nos interrogations, etc.

Le mot de la fin

Vous pouvez prendre votre vie en main pour créer celle que vous voulez ! Vous avez en vous un pouvoir merveilleux et un potentiel infini qui ne demandent qu'à être éveillés. Oui, tout est possible et peu importe où vous en êtes aujourd'hui, ce n'est que votre point de départ. Notre vie change en un instant, celui où l'on décide de se donner le droit à mieux.

Et OUI, vous méritez mieux ! Oui, il est possible de vivre sa vie en accord avec ses aspirations profondes et nos rêves sont accessibles avec du travail, de la patience et de la persévérance.

Si la vie que vous vivez aujourd'hui ne vous convient pas, alors j'aimerais vous dire que vous êtes la seule personne qui puisse agir pour que les choses changent. N'attendez plus que quelqu'un vole à votre secours : la personne qui peut vraiment vous aider, vous la connaissez, c'est vous !

Oui, vous avez aussi ce pouvoir merveilleux, cette capacité de résilience pour tout changer aujourd'hui, si vous le décidez maintenant.

Peut-être que personne ne vous l'a jamais dit, mais vous méritez le meilleur ! Votre premier rôle est de lui ouvrir les bras. Vous méritez ce qu'il y a de mieux parce que c'est votre vie et que vous êtes LA personne la plus importante de votre vie. Si vous ne vous donnez pas le meilleur, comment pourriez-vous prétendre le donner aux autres ?

Que vous puissiez trouver entre ces lignes la force et le courage de vous engager dans un processus de changements positifs. J'ai longtemps attendu que ma vie change alors qu'elle n'attendait que moi. Peut-être que c'est la même chose pour vous ? Je ne peux que vous dire que le jeu en vaut vraiment la chandelle. N'attendez pas un jour de plus, sinon il y a de fortes chances que vous ne le fassiez jamais.

Souvenez-vous que pour vivre de nouvelles choses, il est indispensable de commencer par faire de nouvelles choses. Sortez de votre zone de confort pour commencer votre mise à jour, il est l'heure de vivre LA vie qui vous ressemble !

Il est temps de rallumer les étoiles et de mettre de la lumière dans votre vie !

Remerciements aux contributeurs

Vous avez été si nombreux à me soutenir tout au long de l'écriture de ce livre et je ne m'attendais pas à un tel engouement ! En effet, grâce à vous tous, plus de 200 livres ont été commandés en prévente !

Du fond du cœur, j'adresse à chacun d'entre vous toute ma gratitude pour avoir porté ce projet si haut.
Je me sens tellement chanceuse !

C'est donc avec beaucoup de joie que j'ajoute dans cet ouvrage les noms de tous les contributeurs.
Vous les trouverez sur les pages suivantes : chaque nom comme un symbole rappelant chacune des pierres nécessaires à la construction des plus grands édifices.

Nous pourrons pour toujours nous souvenir que nous avons écrit cette histoire ensemble !

Comme le dit le célèbre adage, seul on va plus vite mais ensemble, on va plus loin.

Flore

♡ Régine Clavaguera ♡ Ana Ferreira ♡ Sylvie Campillo ♡ Charline Tavella ♡ Muriel Jacob ♡ Vanessa Candella ♡ Maîlys Trapadoux ♡ Alice Poiret ♡ Martine Anglade ♡ Marielle Le Goff ♡ Annick Vorburger ♡ Gérald Blasco ♡ Céline Petit ♡ Françoise Altman ♡ Nathalie Lorel ♡ Véronique Caplin ♡ Magali Correia ♡ Claudia Gaudy ♡ ♡ Victor Lourenço ♡ Carole Tacnet ♡ Florence Masuaute ♡ Carine Martinez ♡ Laurent Rostane ♡ Carole Guyot ♡ Fabienne Vincent ♡ Mireille Gille ♡ Christine Garcia ♡ Sylvie Rouxel ♡ Nathalie Escazeaux-Maigret ♡ Elyse Douet ♡ Adèle Cervera ♡ Valériane Saulet-Girard ♡ Marie-Ange Lopez ♡ Laure Ferre ♡ Coline Tissot ♡ Annie Arondal ♡ Cécile Marie ♡ Hervé Pellon ♡ Nathalie Soler ♡ Agnès Kadi ♡ Virginie Monrepos ♡ Corinne Ticot ♡ Laetitia Magnat ♡ Priscilla Lemaître ♡ Stéphanie Falcou ♡ Carole Carbonnel ♡ Amélie Aumaille ♡ Annie Colom ♡ Assunta Nardone ♡ Armelle Bertolino ♡ Elodie Leclere ♡ Cécile Bimbaud ♡ Elisabeth Fortunato ♡ Virginie Dutour ♡ Jocelyne Lagarrigue ♡ Martine Mesplomb ♡ Hélène Bonnan ♡ Charlotte Gausseran ♡ Aurélie Henon ♡ Charlène Castanié ♡ Karine Noir ♡ Christine Alonso ♡ Dorine Hennebel ♡ Patricia Boudot ♡ Danielle Vignes ♡ Caroline Dumont ♡ Sandrine Sanchez ♡ Christelle Labarbe ♡ Frédérique Roux ♡ Audrey Vidal ♡ Marie-Laure Roumiga ♡ Laure Flamand ♡ Marie Jacques ♡ Laurence Buhot ♡

Michèle Bourgeois ♡ Josiane Dupin-Clavaguera ♡ Florence Ménard ♡ Alice Tardy ♡ ♡ Cindy Balbo ♡ Nathalie Journo ♡ Céline Rousseau ♡ Sophie Ertel ♡ Stéphane Théron ♡ Sophie Magnard ♡ Sabrina Margani ♡ Inès Debruyne ♡ Jeanne Simtob ♡ Simon Masset ♡ Marine Lasserre ♡ Babeth Rigal ♡ Ludmilla Lamela-Raynal ♡ Jacqueline Beaubrun ♡ Monique Tessier ♡ Céline Foret ♡ Myriam De Castro ♡ Tania Blanc Sandrine Desca ♡ Nathalie Calif ♡ Rachel Brzustowski ♡ Julie Ravailhe ♡ Sandrine Lemaire ♡ Régine Peres ♡ Nicole Chabas ♡ Fabienne ♡ Camille Borlon ♡ Caroline Di Gallo ♡ Manuelle Soulle ♡ Ingrid Le Potier ♡ Benita Brunella ♡ Sandrine Robin-Chevallier ♡ Annick Boterel Salgas ♡ Kristel Numa ♡ Fabienne Brunaud ♡ Isabelle Lamboley ♡ Isabelle Loubaney ♡ Annick Wagoroua-De Guigne ♡ Peggy Zlotkowski ♡ Corinne Karpouzos ♡ Batailler Bérengère & Aedium France ♡ Florence Muneret ♡ Astrid Somprou ♡ Katy Santacreu ♡ Gabrielle Demoulin ♡ Léa Cuny ♡ Martine Adrioud ♡ Alexandra Castagna ♡ Nathalie Albouy ♡ Célia Carvalho ♡ Françoise Dodel ♡ Sandrine Lacour ♡ Laurence Vincent

♡ Christelle Manin ♡ Annelise Chemin ♡ Carole Lansalot ♡ Irène Haond ♡ Catherine Simon ♡ Catherine Bonnaillie ♡ Eve Rigau ♡ Angélique Marly ♡ Isabelle Viger ♡ Annette Le Cocq ♡ Nathalie Colson ♡ Christine Stemart ♡ Lucie Pontonnier ♡ Sandra Colson ♡ ♡ Sylvie Wetzel ♡ Élodie Decreton ♡ Laurie Sourioux ♡ Ingrid Lecoeur ♡ Karen Chartrain ♡ Rosalina Da Costa ♡ Caroline Sofianos ♡ Laetita Perrin Henry ♡ Marjorie Léger ♡ Camille Borlon ♡ Nadia Alleman ♡ Emmanuelle Laurent ♡ Aline Benoist ♡ Wendy Czabak ♡ Amélie Goudour ♡ Léonore Ferretti ♡ Aurélie Molina ♡ Valérie Douillard ♡ Fabienne Guérardel ♡ Élodie Sansano ♡ Martine Mesplomb ♡ Sylvie Collier ♡ Virginie Fabre ♡ Catherine Guibert ♡ Céline Babu ♡ Corinne Bertran ♡ Martine Bertelli ♡ Marie-Reine Piccardo ♡ Élodie Bidel ♡ Elysabeth Vidal ♡ Marjorie Leloup ♡ Gaëlle Pouget ♡ Ana Pereira ♡ Maryse Lanchès ♡ Jamila El Badaoui ♡ Carole Boistelle ♡ Adeli Aguilera ♡

Printed in Poland
by Amazon Fulfillment
Poland Sp. z o.o., Wrocław